T0171701

ANÁLISIS DE LA INNOVACIÓN, LA TECNOLOGÍA, LOS RECURSOS HUMANOS Y LA INFRAESTRUCTURA, COMO IMPULSORES DE LA COMPETITIVIDAD MANUFACTURERA DEL SECTOR AUTOPARTES

ANÁLISIS DE LA INNOVACIÓN, LA TECNOLOGÍA, LOS RECURSOS HUMANOS Y LA INFRAESTRUCTURA, COMO IMPULSORES DE LA COMPETITIVIDAD MANUFACTURERA DEL SECTOR AUTOPARTES

COMPARACIÓN Y RECOMENDACIONES PARA EL ESTADO DE TLAXCALA

Arturo Águila Flores, Jacobo Tolamatl Michcol, David Gallardo García, Arturo Contreras Juárez

Número de Control de la Biblioteca del Congreso de EE. UU.:   2016900804
ISBN: Tapa Dura   978-1-5065-1183-2
                 Tapa Blanda   978-1-5065-1182-5
                 Libro Electrónico   978-1-5065-1181-8

Para realizar pedidos de este libro, contacte con:
Palibrio
1663 Liberty Drive
Suite 200
Bloomington, IN 47403
Gratis desde EE. UU. al 877.407.5847
Gratis desde México al 01.800.288.2243
Gratis desde España al 900.866.949
Desde otro país al +1.812.671.9757
Fax: 01.812.355.1576
ventas@palibrio.com
732766

ÍNDICE

AGRADECIMIENTOS

A nuestros seres queridos por su apoyo
A nuestras universidades

PRÓLOGO

Me es grato presentar esta obra relativa a la investigación, análisis y comparación de variables de competitividad sobre uno de los sectores manufactureros más importantes para el país, el sector automotriz. La obra es de gran apoyo y valía para la búsqueda de áreas de oportunidad que impulsen el desarrollo de la innovación, la tecnología, la preparación y habilitación de los recursos humanos y la infraestructura con el propósito de fortalecer la competitividad del sector autopartes del Estado de Tlaxcala.

En las últimas décadas los sistemas de manufactura han experimentado cambios sustanciales por diversos factores, como los avances de la tecnología, la globalización y la turbulencia de los diferentes eventos mundiales que cambian constantemente los parámetros y requerimientos de competitividad, este entorno se vuelve aún más complejo y exigente para las economías emergentes, para nuevos competidores y competidores rezagados que buscan incrementar su posición actual.

La globalización de la manufactura ha sido un elemento clave para incrementar el desarrollo de economías emergentes, en consecuencia, se ha observado un incremento en la competitividad entre las naciones y a nivel local, en las entidades federativas de nuestro país. Tlaxcala no pude quedar al margen de estos cambios y acciones para aumentar su competitividad, pero tampoco se deben tomar acciones sin considerar el contexto actual, es así que el análisis comparativo mostrado en el presente texto es útil para destacar las áreas de oportunidad que se deben atender en Tlaxcala y estar en sintonía con las exigencias del mundo actual.

En el estudio se justifica mediante datos que para mejorar el desempeño de la manufactura estatal es necesaria la combinación de diversas fuerzas que interactúen desde diversos ámbitos, la iniciativa privada invirtiendo en la innovación constante de productos, procesos y servicios, el gobierno favoreciendo la creación e implementación de políticas sobre educación, ciencia, tecnología e infraestructura; y por último y no menos importante el sector académico optimizando y reorientando la formación y habilitación de estudiantes y profesores, para que participen en el desarrollo, transferencia tecnológica y la investigación aplicada direccionada a los sectores estratégicos del estado como es el caso del sector automotriz.

La contribución del libro es relevante dado que existen pocos estudio publicados en Tlaxcala sobre el tema, además atiende un sector prioritario de desarrollo en nuestro Estado.

Además, contar con datos y una base de comparación objetiva de entornos nacionales con mejor desempeño que Tlaxcala, y por supuesto las pertinentes recomendaciones para incrementar la competitividad, hacen de este texto una importante contribución para el conocimiento de nuestro Estado y para la formulación de estrategias en materia de tecnología, innovación, recursos humanos e infraestructura que coadyuven al crecimiento del poder transformacional para el sector autopartes, para el estado y a la postre para los ciudadanos de Tlaxcala.

Dr. Cesar Saldaña Carro
Profesor investigador de la Universidad Politécnica de Tlaxcala
Candidato al Sistema Nacional de Investigadores

PRESENTACIÓN

La competitividad del sector manufacturero de un país es esencial para su prosperidad y crecimiento económico a largo plazo. Un sector manufacturero competitivo crea un ecosistema económico sostenible, promueve la inversión tanto interna como externa y equilibra la balanza comercial en un país.

Un sector manufacturero fuerte, impulsa el capital intelectual y la capacidad de innovación de un país, promueve la investigación, el desarrollo tecnológico, el desarrollo de infraestructura y el incremento en la demanda de trabajadores e investigadores dotados de habilidades especializadas para el sector (Deloitte, 2010).

La industria automotriz y de autopartes se consideran como un indicador de referencia del desarrollo industrial manufacturero. A nivel global, la importancia de la industria automotriz en la economía y su papel como propulsora para el desarrollo de otros sectores de alto valor agregado, han provocado que diversos países tengan como uno de sus principales objetivos el desarrollo y fortalecimiento de esta industria.

En la actualidad, la industria automotriz es uno de los motores más importantes para la economía mexicana, al representar 6% del total del producto interno bruto (PIB) nacional y 18% del PIB de la producción manufacturera.

En 2014 México se convirtió en el mayor productor de automóviles de América Latina y el séptimo productor a nivel mundial, se proyecta que este crecimiento continuará y que la producción automotriz podría alcanzar 4.8 millones de automóviles en 2019, según cifras de la Asociación Mexicana de la Industria Automotriz (AMIA).

Como es de esperarse el desarrollo del sector es diferente en los Estados de la República Mexicana, esta diferencia de crecimiento se ve reflejada en Tlaxcala, que está lejos de figurar como una de las entidades con mayor progreso en la industria de autopartes. En función de ello, el propósito de este libro es presentar un análisis descriptivo-comparativo utilizando las variables propuestas por el Manufacturing Competitiveness Framework (WFE, 2010), las cuales son: la innovación, la tecnología, los recursos humanos y la infraestructura, variables reconocidas por el Foro Económico Mundial y Deloitte, como impulsoras de la competitividad de la manufactura.

La comparación de las variables se lleva a cabo con datos del período 2002-2014, entre el sector autopartes del Estado de Tlaxcala y sus similares de los Estados de Querétaro y Guanajuato, esto es relevante ya que estas últimas entidades han tenido un desarrollo considerable en la última década. Una vez realizada la comparación, será posible identificar qué han hecho bien los mejores estados, cómo están actualmente en las variables de interés y de esta forma estar en la posibilidad de proponer líneas de acción futuras tendientes a aumentar la competitividad del sector en Tlaxcala.

Consideramos pertinente la perspectiva de esta obra porque sin duda es necesario potencializar el sector manufacturero, en especial el de autopartes, pues la evidencia indica que este sector representa una de las opciones de desarrollo para Tlaxcala, esto se confirma a la luz de las propuestas de la agenda de innovación de Tlaxcala (2014), de los estudios realizados por instituciones como el Tecnológico de Monterrey (López, Sánchez, y Tinoco, 2009), además considerando que en el plan de desarrollo estatal (2011-2016) así lo contempla, que nuestra ubicación geográfica lo facilita y que la cercanía con dos armadoras lo potencializa.

Es imperativo llevar a cabo acciones encaminadas a incrementar la competitividad manufacturera para coadyuvar en el largo plazo a dejar a tras el rezago de nuestro Estado. Ahora más que nunca se requieren de esfuerzos conjuntos y decididos que permitan cambiar lo que parece el destino de nuestra entidad, por lo que hacemos votos para que esta obra sea de interés, de utilidad y que contribuya para poner en la mesa de discusión una perspectiva de competitividad de un sector industrial desde la manufactura, además de proporcionar datos útiles para un análisis más profundo de las estrategias que es necesario emprender para mejorar las condiciones competitivas manufactureras en el sector autopartes.

La estructura del libro contempla en el primer capítulo la argumentación sobre la necesidad de analizar la competitividad del sector autopartes del Estado de Tlaxcala, además de una breve descripción de la metodología usada para el desarrollo de la investigación.

El segundo capítulo da un panorama de la situación del sector automotriz en el mundo y el sector autopartes, su relevancia, sus principales participantes, la producción global, entre otros. Así como la situación del sector en México, sus fortalezas, debilidades y expectativas en el mercado mundial. Por último, da una perspectiva inicial de la industria automotriz en los estados de Guanajuato, Querétaro y Tlaxcala.

En el tercer capítulo se aborda los aspectos conceptuales que dan sustento a esta obra, se explora el concepto de competitividad, los diferentes tipos, niveles, modelos y formas de medición. Además, se describe el Manufacturing Competitiveness Framework y las variables que se utilizan para el análisis de datos, junto con los argumentos conceptuales al respecto de que las variables seleccionadas para el estudio están estrechamente relacionadas con la competitividad y el desarrollo de la manufactura.

En el capítulo cuatro se presenta el análisis descriptivo-comparativo de los Estados de Querétaro, Guanajuato y Tlaxcala, sustentados en datos de 2002-2014, obtenidos de fuentes de información primaria fundamentalmente.

En el capítulo cinco se muestran los resultados de las variables de innovación, tecnología, recursos humanos e infraestructura, así como las líneas de acción futuras que se recomiendan para fortalecer el sector autopartes en Tlaxcala.

CAPÍTULO 1

ANTECEDENTES

Un sector manufacturero competitivo favorece el desarrollo de un ecosistema económico sostenible, promueve la inversión extranjera y la inversión interna, mejora la balanza comercial de un país, es considerado de suma importancia para el crecimiento económico.

Además, genera empleos, no solo dentro del sector, sino que éstos se extienden hasta áreas tales como los servicios financieros, desarrollo y mantenimiento de infraestructura, logística, tecnologías de la información, atención médica, educación y capacitación, así como bienes inmuebles.

Un sector manufacturero competitivo, promueve el desarrollo tecnológico, el capital humano y el intelectual, impulsando la investigación y el desarrollo de un país, e incrementando la demanda de trabajadores especializados y científicos (Deloitte, 2010).

La globalización de la manufactura ha sido un hilo conductor para el desarrollo de los países, debido a la derrama económica, la integración con otros sectores industriales, el incremento de los niveles de competitividad, la creación de empleo y el incremento del nivel de vida en las economías.

La industria automotriz y de autopartes se considera como un indicador de referencia del desarrollo manufacturero. A nivel global, esta industria ha tomado gran relevancia en la economía de los países y su papel como impulsor para el desarrollo de otros sectores de valor agregado, provocando que diversos países tengan como uno de sus principales objetivos el desarrollo y fortalecimiento de esta industria.

La industria automotriz es una de las más dinámicas y competitivas en el mundo, ha estado inmersa en un constante proceso de reestructuración durante las últimas décadas. Sus innovaciones tecnológicas y organizacionales la han convertido en una de las industrias más dinámicas y generadora de importantes efectos sobre las distintas economías, en términos de innovación, productividad y competitividad.

La producción de vehículos mundial llegó a 89.5 millones de unidades en 2014, creció a una tasa promedio anual de 3 % entre el año 2013 a 2014. En 2014, los principales países productores de automóviles fueron China, Estados Unidos de América y Japón con el 48.8% de la producción total. Por su parte, México se ubicó en el séptimo lugar como fabricante de vehículos ligeros y su producción en términos de unidades representó el 3.7% del total mundial (OICA, 2015).

En nuestro país la industria aporta el 3.3% del PIB nacional y el 18.1% del manufacturero, exporta a más de 100 países y representa el 21.5% del total de las exportaciones Mexicanas, en cuanto a empleos genera el 1.6% del empleo nacional. Además se convirtió en el principal generador de divisas en 2013, por arriba de sectores como el eléctrico-electrónico, petróleo y turismo (AMIA, 2013; INEGI 2013). Por todo esto es que la industria es relevante en la economía nacional.

En el 2008 el peso relativo de la industria automotriz en el PIB de las entidades es como sigue en Guanajuato aporta 8.9%, en Querétaro con 11.5%, mientras que para Tlaxcala la aportación del producto interno bruto sólo representa el 2.1% (BBVA, 2012).

Considerando la importancia de la industria, se han llevado a cabo diferentes investigaciones para mejorar su competitividad a nivel nacional y a nivel estatal, en México las entidades con mayor desarrollo en esta industria han sido Guanajuato y Querétaro, por otra parte el Tlaxcala ha tenido un bajo desempeño en este sector aún cuando está en una región relevante para la manufactura en autopartes.

1.1 Es necesario incrementar la competitividad del sector autopartes en Tlaxcala

En 2014 México se convirtió en el mayor productor de automóviles de América Latina y el séptimo productor a nivel mundial, se proyecta que este crecimiento continuará, la producción automotriz podría alcanzar 4.8 millones de automóviles en 2019, según cifras de la Asociación Mexicana de la Industria Automotriz (AMIA).

Pese al gran auge de la industria a nivel nacional, a nivel local, en Tlaxcala no se ha tenido un desarrollo sostenido y está lejos de figurar como una de las entidades con mayor progreso en la industria de autopartes.

Tlaxcala tiene un gran potencial en el sector, que desafortunadamente no se ha explotado, una de sus mayores fortalezas se deriva de la privilegia posición geográfica, su cercanía con dos armadoras, la cercanía con los conglomerados automotrices del Estado de México, Distrito Federal y Puebla, que debería potencializar su crecimiento, sin embargo esto no ha sido así. Por el contrario, otras entidades que sí han logrado el desarrollo de esta industria son los Estados de Querétaro, Aguascalientes, San Luis Potosí y Guanajuato, que se han posicionado como las entidades de mayor atracción para el desarrollo automotor en México, dichas entidades pertenecen a la zona bajío, en la que se concentra la tercera parte de las armadoras del país (Estrada y Navarrete, 2014).

Pese al potencial con el que cuenta Tlaxcala en el sector autopartes, su participación en el mercado nacional es reducida con solo el 0.7% de la fabricación de autopartes, y 19 empresas de autopartes (SEDECO, 2010)[1], instaladas en la entidad. La industria de autopartes de Tlaxcala tiene una baja competitividad a nivel nacional a pesar de que se encuentra ubicada en una zona estratégica como es el centro del país, esta zona aporta el 43.5% de la producción de vehículos y el 14.8% en autopartes (BBVA, 2012).

Por el contrario, como se comentaba anteriormente, los Estados de Guanajuato y Querétaro son las entidades federativas que más se han desarrollado en el tema y más interés despiertan en este país para los inversionistas de la industria automotriz (KPMG, 2015).

En el caso de Guanajuato reafirma su liderazgo en la atracción de inversiones en el sector automotriz y autopartes, además, es un referente en el crecimiento económico nacional, en lo que se refiere a la producción total de autopartes aporta el 6.4% y cuenta con 180 empresas instaladas, el

---

[1]   En notas periodísticas se indica que existen 31 empresas de este sector, sin embargo, se consideraron las identificadas en un documento oficial que en este caso es el directorio empresarial de SEDECO (2010).

sector automotriz aporta poco más del 50% del PIB estatal y representa el 80% de sus exportaciones, lo que le ha valido en el 2014 ser distinguido como el líder en captar inversión extranjera y en desarrollo económico en México (Comunicación Social de Gobierno, 2014).

Mientras que la entidad de Querétaro la industria automotriz, representa el sector que más contribuye en términos económicos es un sector que crece aproximadamente 15% anual. El sector automotriz es el que mayor número de inversiones atrajo hacia la entidad en el 2013 con el 44.5% del monto total invertido en la entidad. De acuerdo con datos de la Secretaría de Desarrollo Sustentable (SEDESU, 2014), la industria de autopartes aporto el 6.3% de la producción total de autopartes y cuenta con 300 empresas instadas de este sector.

La industria automotriz es de gran interés entre académicos, investigadores, empresarios y gobierno, considerando que genera un gran auge económico donde se instala, lo que la convierte en un sector de suma importancia, detonadora de cadenas productivas, servicios, empleos e inversiones. La industria automotriz y de autopartes es sin duda una gran precursora de la competitividad en las zonas donde se ha establecido. Tales hechos justifican la realización de esta investigación, considerando la factibilidad de proponer líneas de acción que sirvan para fortalecer la competitividad del sector y que en el largo plazo contribuyan al desarrollo del Tlaxcala.

1.2 Proceso de investigación

Para el desarrollo de la investigación se utilizaron fuentes de información primaria principalmente disponibles en sitios y base de datos formales de instituciones y entidades tales como: Instituto Nacional de Estadística y Geografía (INEGI), Foro Consultivo Científico y Tecnológico, Secretaría de Economía, Asociación Mexicana de la Industria Automotriz (AMIA), Pro México, Concejo Nacional de Ciencia y Tecnología (Conacyt), Secretaría de Comunicaciones y Transportes (SCT), Gobierno del Estado de Tlaxcala, Gobierno del Estado de Querétaro, Secretaría de Turismo y Desarrollo Económico (SETYDE), reportes periodísticos en diarios electrónicos de alcance nacional, estudios formales de despachos de consultoría, también se utilizaron fuentes secundarias tales como revistas científicas y de divulgación nacionales e internacionales. La recolección de datos se circunscribe al periodo 2002 a 2014.

Es importante comentar que el proceso de investigación llevado a cabo para la presente obra se desprende de un año de trabajo, el diseño metodológico fue seleccionado de acuerdo a los requerimientos, limitaciones y objetivos del estudio, por tanto esta investigación se considera descriptiva-cualitativa de corte longitudinal (Hernández, 2008; Sierra, 2008; Méndez, 2006; Torres y Navarro, 2007), la cual se realizó en dos fases: 1) el diseño de la estrategia metodológica que implicó entre otros aspectos el análisis del contexto, la revisión de bibliográfica, el diseño metodológico y el procesamiento de datos previos para la definición del área de interés de la investigación, 2) el trabajo de investigación, recolección de datos, así como su análisis y la generación de propuestas de desarrollo para el sector.

Esta investigación, según su finalidad, es descriptiva ya que se caracteriza por medir o recoger información de manera independiente y conjunta sobre los conceptos o variables. Según su dimensión temporal es de corte longitudinal, ya que se realiza la recolección de datos y su tendencia a partir del año 2002 al 2014 (Hernández, 2008; Sierra, 2008; Méndez, 2006; Torres y Navarro, 2007, Rojas, 1999). En cuanto al enfoque de la investigación es cualitativo, que de acuerdo con Hernández, (2008) se orienta a profundizar en casos específicos y no a generalizar, su preocupación no es preponderantemente medir, sino cualificar y describir el fenómeno a partir de sus rasgos determinantes (Bernal, 2006).

Capítulo 2

EL SECTOR AUTOMOTRIZ

El objetivo de este segundo capítulo es presentar los aspectos relevantes relacionados con la actividad del sector automotriz, dado que no puede analizarse la competitividad del sector de autopartes del Estado de Tlaxcala sin contar con una visión general del sector como un elemento imprescindible del entorno empresarial, que a su vez permite conocer su estado actual a nivel macro.

2.1 Importancia de la industria automotriz

Los automóviles son una tecnología que facilita el tránsito de personas, tiene una alta relación con la sociedad y las actividades que desarrolla e impacta de forma determinante el modelo económico a nivel internacional. Se ha convertido en un hito de libertad personal, que no tenía precedentes antes de su invención, es por todo ello que hasta nuestros días se ha mantenido como una de las tecnología de mayor impacto en la economía mundial.

En este sentido, la industria automotriz mundial es un sector clave de la economía de la mayoría de países del mundo, es un sector que ha mostrado crecimiento sostenido, registrando un aumento del 30% en la última década (1995-2005), (OICA, 2015).

Basta evaluar el indicador de empleos generados para sopesar el impacto de esta industria en el mundo, el número de empleos generado es aproximadamente de 9 millones de personas de forma directa (OICA, 2015), esto es más del 5% del empleo del sector manufacturero en el mundo, además se proyecta que por cada empleo directo se generan al menos otros 5 indirectos, lo que resulta en más de 50 millones de empleos generados a partir de actividades de la industria automotriz (OICA. 2015). Además muchas más personas se emplean en la industria manufacturera y de servicios relacionados.

En las zonas en las que se instalan empresas armadoras, se desarrollan muchas otras industrias relacionadas, proveedoras de acero, vidrio, plástico, textiles, tarjetas electrónicas, y empresas de servicios de logística, financieros y más, lo que la convierte en un detonante de economías relacionadas.

2.2 La industria automotriz mundial

La industria automotriz mundial ha figurado como uno de los conductores del desarrollo económico y la innovación Moreno (2009), sería la sexta economía mundial si el sector estuviese representado por un país. Esta industria ha tenido que ir adaptándose a lo que ocurre en el entorno económico mundial, desde las épocas en que prácticamente todo lo que se producía el mercado lo aceptaba y estaba dispuesto a consumir un único producto con las características que el fabricante estableciera como correctas hasta los tiempos actuales en que prácticamente se puede elaborar un automóvil acorde con las especificaciones que el cliente demande (Gaither y Fraizer, 2000).

El impacto de la industria automotriz mundial en el desarrollo de la actividad industrial en general, ha podido ser observado desde sus inicios en 1890 con Panhard y Levassor en Francia que producían manualmente algunos cientos de automóviles al año (López, 2005), hasta uno de los grandes hitos empresariales como la introducción de la línea de ensamble de Ford, la cual marcó un nuevo paradigma en la rapidez y eficiencia de la producción de vehículos (Heizer y Render, 2004).

El desarrollo de la industria automotriz va íntimamente ligado a los acontecimientos en la historia mundial, y su avance se asocia al encadenamiento que lleva esta industria a lo largo y ancho de diversos sectores en la economía de un país; la gran cantidad de componentes y autopartes que van incluidos en la fabricación de un vehículo impacta a diversas; aunado a la diversidad de especialidades que demanda en la mano de obra.

Comprender y apoyar el desarrollo de esta industria es materia de trabajo de investigadores por la repercusión económica que representa para cualquier país en la cual se encuentra.

Una de las grandes épocas en esta industria surge con la culminación de la Segunda Guerra Mundial, grandes cambios en el mundo eran observables mismos que también se reflejaban en los consumidores estadounidenses y europeos; mientras que en Estados Unidos se demandaban grandes automóviles de alto consumo de combustible que durante esas épocas era barato en América y que servían para transportar familias numerosas, la cual se caracterizó por un incremento del consumo, mayor interacción de los medios masivos de comunicación, la era de la liberación femenina, de la incursión masiva de la mujer al empleo con un porcentaje incremental de hogares con doble ingreso y doble carro. En Europa con las deterioradas economías y destrucción derivada de la Guerra, los vehículos pequeños y de bajo consumo de combustible escaso y caro en Europa era lo que los consumidores demandaban.

Es entonces, que inició la carrera para ganar la mayor participación de mercado, en una contienda mundial, misma que iba siendo ganada por las tres grandes de Detroit General Motors, Ford y Chrysler, mientras las demás empresas europeas y asiáticas buscaban la manera de revertir estos resultados. En 1932, GM superó a Ford, que llevaba más años en el negocio, para convertirse en el mayor fabricante de autos del mundo, un título que conservaría durante 77 años. Para fines de los años 50, GM controlaba 50% del mercado automovilístico en EE.UU (Stoll, 2009). La tasa de crecimiento promedio anual de la producción mundial de vehículos fue de 2.8 por ciento entre 1997 y 2005, lo que refleja el dinamismo de esta industria en el último decenio (Treviño, 2010), aunque a partir del 2008, Toyota ha logrado colocarse como el mayor productor mundial de autos, rebasando la supremacía que General Motors conservó durante largo tiempo.

Según la Organización Internacional de Fabricantes de Vehículos Automotores (OICA, por sus siglas en francés), la industria automotriz mundial está constituida por 4 bloques: América, Europa, Asia-Oceanía y África, las participaciones de mercado en unidades por cada uno de estos bloques en los últimos periodos reportados por OICA. Vale la pena mencionar, la importancia de la participación de México en el bloque de

América, ya que en el 2015 esto representa el 12.95%, lo que lo convierte en el líder en américa latina en este rubro.

2.3 Producción mundial

En el año 2014 la producción automotor a nivel mundial superó los 89 millones de vehículos ligeros y pesados (furgonetas, camiones y autobuses) (OICA, 2015). En forma directa, el sector ocupó alrededor de 9 millones de trabajadores y generó 50 millones de puestos de trabajo incluyendo los indirectos (OICA, 2015). Tan relevante a nivel mundial es esta industria, que se estima que el valor de la producción equivale a una sexta economía en el mundo.

En la gráfica 1 se muestran los diez principales productores de vehículos a nivel mundial los cuales son: China, Estados Unidos, Japón, Alemania, Corea del sur, India, México, Brasil, España y Canadá (OICA, 2015). El país con mayor producción es China con 22 millones de automóviles al año, en tanto que México, con una producción de 3,365,306 se ubica en el número siete de los países productores (OICA, 2015).

Gráfica 1. Principales productores de vehículos

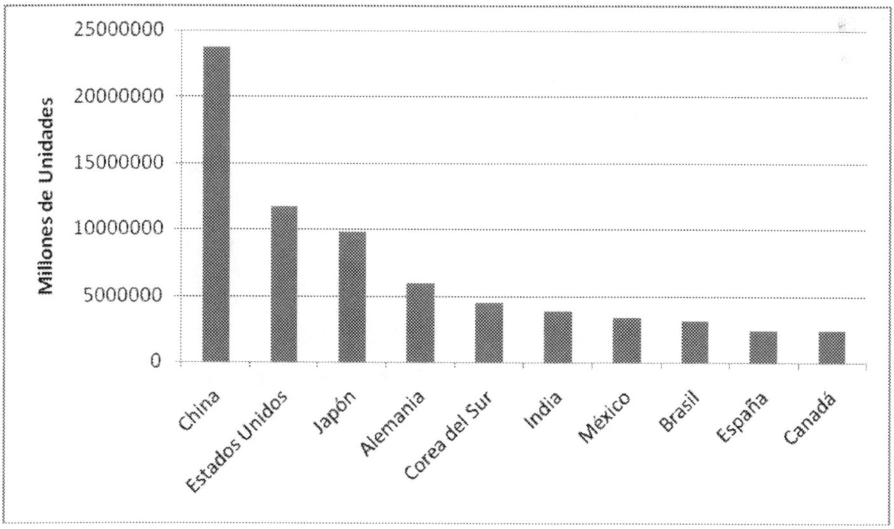

Fuente: Elaboración propia a partir de OICA (2015).

Es de destacar el incremento radical que ha tenido China en la producción de automóviles en el mundo, considerando que tan solo en el año 2000 su participación era de 3.5% con alrededor de 2 millones de autos producidos (Secretaría de Economía, 2011).

Otros países también han elevado su posición mundial en cuanto a producción de automóviles, tal es el caso de México que en el periodo de 1997 a 2001 mantuvo el noveno lugar en producción mundial, ya para el año 2013 se situó en el lugar número ocho y en el 2014 pasó a la posición siete, como se observa en la tabla 1, en tanto que España recupera el sitio número nueve de los diez primeros productores. En este periodo de ajuste, Francia deja de pertenecer a las diez primeras potencias de la industria automotriz en lo referente a producción. Ningún otro país ha experimentado el alto crecimiento observado en China. En la tabla 1 se observa la producción mundial de vehículos 2013-2014.

Tabla 1. Producción mundial de vehículos

Producción mundial de vehículos de los diez principales países productores en años 2013 y 2014

País	Automóviles 2013		País	Automóviles 2014	
	Unidad	%		Unidad	%
China	22116825	25.2%	China	23722890	26.4%
Estados Unidos	11066432	12.6%	Estados Unidos	11660699	12.9%
Japón	9630181	11.0%	Japón	9774558	10.8%
Alemania	5718222	6.5%	Alemania	5907548	6.5%
Corea del Sur	4521429	5.1%	Corea del Sur	4524932	5.0%
India	3898425	4.4%	India	3840160	4.2%
Brasil	3712380	4.2%	México	3365306	3.7%
México	3054849	3.4%	Brasil	3146118	3.5%
Canadá	2379834	2.7%	España	2402978	2.6%
España	2163338	2.4%	Canadá	2393890	2.6
Otros	19245112	21.9%	Otros	19008351	21.1%
Total	87507027	100	Total	89747430	100

Fuente: Elaboración propia a partir de OICA (2015).

2.4 Peso relativo de las regiones

En lo relativo a las regiones mundiales, en 2014 es de destacar el dominio de la región de Asia-Oceanía, como se puede observar en la tabla 2, con una producción de poco más de 47 millones de vehículos que representa el 50% mundial, de igual forma es de destacar el crecimiento de dos dígitos de África, pese a que en lo relativo a la producción mundial sólo contribuye con el 1% (OICA, 2015).

Tabla 2. Producción mundial de vehículos por regiones

Regiones	2013	%	2014	%	% Cambio
Europa	19922621	23	20382459	23	2.3%
América	21131287	24	21284523	24	0.7
Asia-Oceanía	45816600	52	47372100	53	3.4%
África	636519	1	708348	1	11.3%
Total	87507027	100	89747430	100	

Fuente: Elaboración propia a partir de OICA, 2015.

De acuerdo con OICA (2015), Asia-Oceanía representa en este lapso un cambio de 3.4% en su producción. Al interior de este bloque, los países que muestran un crecimiento considerable, entre 2013 y 2014, son: China, Indonesia, Filipinas, Irán y Taiwán. Al mismo tiempo, en Europa y América, los países de que registran avances importantes son: Republica Checa, Eslovenia, Finlandia, Bélgica, Canadá y México.

2.5 Producción global de autopartes

En 2012, la producción mundial de autopartes fue de 1,399,302 mdd, siendo la región de Asía Pacífico, la que más contribuyó con un 55.5% de participación, seguido por la región de Norteamérica y la Unión Europea. Se estima que la producción mundial crecerá a una tasa promedio anual de 6.5% de 2013- 2020. Se espera que Latinoamérica tenga el mayor crecimiento de todas las regiones con un 7.8%. En la tabla 3 se muestra la producción global de autopartes.

Tabla 3. Producción global de autopartes

Región	Producción	%
Asía-Pacifico	776271	55.5%
América del Norte	309328	22.1%
Unión Europea	185625	13.3%
América Latina	52269	3.7%
Otros	75808	5.4%
Total	1339302	100%

Fuente: Adaptado de Industria de Autopartes (2013).

Por otra parte, en el mapa de los principales productores de autopartes continúan destacando países del Oriente específicamente Japón y China. Este último país, se proyecta que continuará consolidándose como el principal productor del sector.

El flujo de capitales y la alta globalización en la que se desarrolla la industria, continuará generando mayor competitividad en el sector, generando movimientos entre los principales productores y dando paso a otros países tales como México o Corea del Sur. En la gráfica 2 se muestra la participación de la producción de autopartes por país.

Gráfica 2. Participación de la producción de autopartes por país

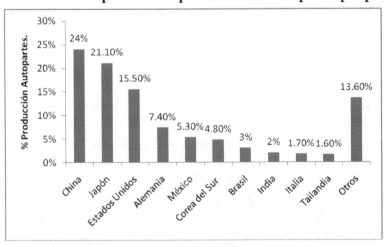

Fuente: Elaboración propia a partir de SE. Industria de Autopartes (2013).

2.6 La industria automotriz en México

2.6.1 Producción

La industria automotriz aporta el 6% del PIB nacional y 18% del PIB de la producción manufacturera, es un sector vibrante y de alto impacto en la economía nacional, que en los últimos años ha mostrado un crecimiento sostenido.

En 2014 México se convirtió en el mayor productor de automóviles de América Latina y el séptimo productor a nivel mundial. Se proyecta que este crecimiento continuará y podría alcanzar 3.3 millones de automóviles en 2015 y 4.8 millones en 2019, según cifras de la Asociación Mexicana de la Industria Automotriz (AMIA).

Desde hace años, la calidad de fabricación ha sido la característica sobresaliente de los vehículos fabricados en México. Se exportan a los más exigentes mercados en el mundo, como EU, Alemania e incluso Japón, donde las plantas mexicanas se han presentado como ejemplos de calidad y compromiso con la mejora continua.

Para los fabricantes de automóviles, la calidad de la planta y la mano de obra mexicana son algunos de los factores más importantes al momento de decidir sus estrategias de inversión, ubicación y posición geográfica.

Como prueba de lo anterior, en los últimos cinco años, la mayoría de las empresas de fabricación de vehículos automotores y comerciales en nuestro país y un importante número de empresas productoras de equipamiento para automóviles, partes y componentes han hecho grandes inversiones para expandir su capacidad de producción, equipamiento, modernización y automatización.

La producción de automóviles llegó a un nuevo máximo histórico en 2014, impulsadas por la instalación de nuevas plantas en el país y una mayor demanda en mercados como Estados Unidos y Canadá.

De acuerdo con información de la AMIA, la producción de autos rompió el récord de 3 millones de unidades anuales, al registrarse una cifra de 3 millones 219 mil 786 en 2014, cantidad 9.8% superior al año anterior.

Tan sólo en diciembre de 2014, la producción fue de 208 mil 498 unidades, 27 por ciento mayor que las 164 mil 221 unidades del mismo mes de 2013, debido a una mayor fabricación de Honda y Nissan. En la gráfica 3 se muestra la producción de automóviles en México del periodo 2002 a 2014.

Con el inicio de operaciones de al menos cuatro nuevas plantas armadoras en el 2015, el país podría alcanzar una capacidad instalada para ensamblar cuatro millones de vehículos al año y será el sector automotriz más importante de América Latina.

Gráfica 3. Producción de automóviles en México

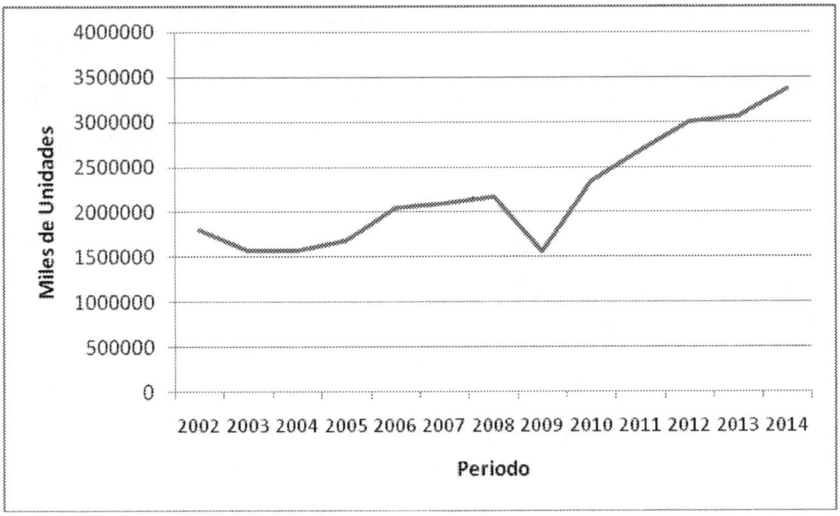

Fuente: Elaboración propia a partir de OICA (2015).

Actualmente la ubicación geográfica de la industria automotriz terminal en México se concentra en tres regiones, la región norte, la región centro y la región bajío.

El sector automotriz y de autopartes en México, ha sido impulsado por la presencia productiva de las principales 10 empresas armadoras de vehículos (ligeros y pesados) en el mundo, tales como: General Motors, Ford, Chrysler-Fiat, Volkswagen, Nissan, Honda, BMW, Toyota, Volvo y Mercedez-Benz. Recientemente Audi anunció una inversión en México para la producción de la camioneta Q5, incorporándose en las armadoras de vehículos ligeros con presencia en el país.

Nissan Motor y Daimler AG decidieron producir autos subcompactos de lujo en Aguascalientes. Los planes de la alianza prevén el inicio del ensamble en el 2017 y fabricar entre 100,000 y 150,000 unidades por año. Este proyecto se lanzó mientras las firmas alemana BMW y la coreana Hyundai Kia Automotive Group están por anunciar que establecerán, por separado, plantas en México para producir un mínimo de 150,000 unidades anuales cada una. Otras empresas que han anunciado la llegada a México son los fabricantes de automóviles Infinity, Mercedes Benz y BMW.

2.6.2 Inversión extranjera directa

En México la industria automotriz es el sector que mayor inversión extranjera directa (IED) ha recibido, y en los últimos años ha mantenido un crecimiento sostenido. La secretaría de economía (2014), estimó en 3.6 mil millones de dólares (mmd) el monto de IED para la industria automotriz en el tercer trimestre de 2014, con 1.2 mmd destinados sólo para la manufactura de autopartes.

En los últimos cinco años México, se estableció como el destino de las inversiones de las principales armadoras del mundo, prueba de esto es que de 2011 a 2015, ocho de las mayores armadoras de automóviles en el mundo invirtieron en el país 11 mil 408 millones de dólares y hay expectativas de que canalicen otros 4 mil 500 millones en los siguientes años.

Esta industria tiene un panorama muy prometedor para seguir siendo un factor clave en la atracción de inversión extranjera, cuenta con una cadena de suministro con gran oportunidad de crecimiento y alto potencial de tener un mercado interno más sólido. En la gráfica 4 se puede observar la inversión extranjera directa en el sector automotriz por armadora.

Algunos de los aspectos que han generado una mayor atracción de capitales del sector automotriz a México, de acuerdo con analistas de Scotiabank, son los bajos costos laborales, el acceso libre de aranceles, una privilegiada localización geográfica y un incremento de la productividad en el sector, logrando alcanzar un récord en el 2013 con 19.5% mayor a los 2,150 mmd que en promedio se hubo en los últimos 10 años (Morales, 2014).

Gráfica 4. Inversión extranjera directa (2011-2015).

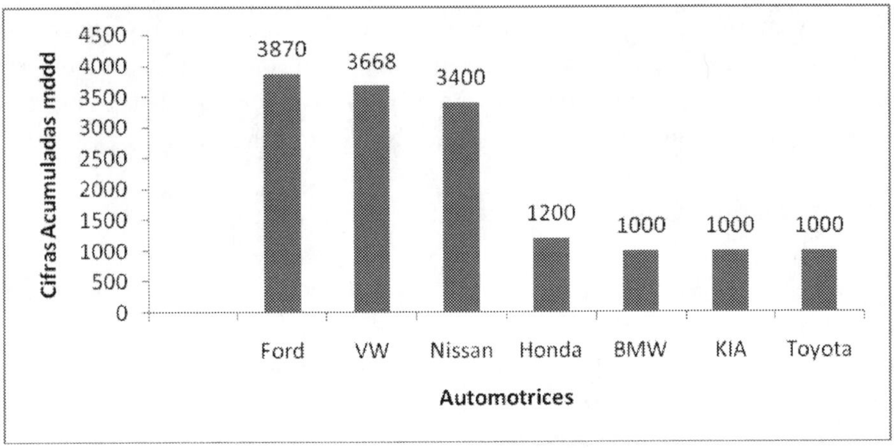

Fuente: Elaboración propia a partir de Secretaría de Economía Industria de Autopartes (2012).

2.7 Industria de autopartes

La Industria Nacional de Autopartes (INA) estima que México produjo el equivalente a 81 mmd de autopartes en 2014, la producción aumentó en 6% respecto del año anterior. El país fue el mayor proveedor de autopartes para Estados Unidos el año 2013, representando el 34% del total de 138 mmd. De acuerdo con el INA, la industria podría crecer más, considerando que proveedores de nivel 1 aún siguen importando gran parte de insumos, por ejemplo los arneses se hacen en México pero componentes tales como metales y conectores se importan (Sánchez, 2015). En este mismo sentido el INA considera que muchos proveedores internacionales están trasladando sus planta a México para consolidar sus negocios con las nuevas empresas armadoras por tanto el crecimiento de la industria terminal (armadoras) beneficia a la industria de autopartes y al mismo tiempo la venta de vehículos comercializados incrementará la demanda de diferentes segmentos del mercado de refacciones.

La industria mexicana de autopartes está compuesta por más de 600 empresas, de las cuales una tercera parte son de primer nivel (Tier 1). La gráfica 5 muestra la producción de autopartes de México de los años 2007 a 2012.

Gráfica 5. Producción Autopartes

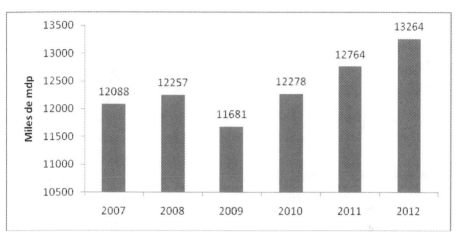

Fuente: Elaboración propia a partir de Secretaría de Economía Industria de Autopartes (2012).

2.7.1 Empleos

Al cierre del 2014, la industria de autopartes logró la generación de 700,000 empleos, de acuerdo con datos de la Secretaría de Economía, aunque está demostrado que por cada fuente laboral creada en la industria terminal derivan entre cinco y seis más en partes y componentes.

En las plantas Aguascalientes 2 de Nissan, Honda y Mazda en Guanajuato, se crearon cerca de 35,000 empleos. A éstos se sumarán los de Audi en Puebla, General Motors en San Luis Potosí y Toluca, Kia en Nuevo León, Mercedes-Benz, Infinity, Ford y Toyota.

La industria automotriz es la principal creadora de empleos y divisas en México, gracias a mayores inversiones de la industria terminal y del sector de autopartes, lo que ha llevado al crecimiento de la producción automotriz para el mercado interno, la exportación y la propia dinámica de la fabricación de componentes para atender la demanda doméstica de un parque vehicular de más de 27 millones de unidades.

De esta forma, la Industria Nacional de Autopartes estima crecer su producción en 5% para este año y elevar sus exportaciones en 6%, gracias a la demanda del mercado Estadounidense. En la gráfica 6 se muestra los miles de empleos creados por la industria automotriz.

Gráfica 6. Empleos generados por la Industria de Autopartes

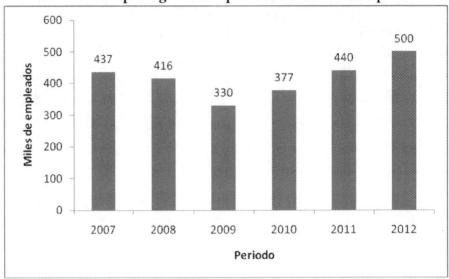

Fuente: Elaboración propia a partir de Secretaría de Economía Industria de Autopartes (2012).

2.7.2 Localización y especialización de la producción de autopartes en México

Esta industria se encuentra organizada en tres niveles de producción (Industria de Autopartes, 2012):

Los proveedores de nivel 1 o tier 1, que son proveedores directos de las empresas armadoras. Entre los componentes que desarrollan encontramos partes del motor, sistemas de dirección y suspensión, sistemas de aire acondicionado, componentes electrónicos, entre otros.

Los proveedores de nivel 2 o tier 2, suministras partes y componentes a las empresas proveedoras tier 1. Estas manufacturan equipos y productos que son utilizados en los componentes más avanzados/especializados de la industria automotriz. Entre los productos encontramos: partes forjadas, partes estampadas, partes de inyección de aluminio, partes fundidas, partes plásticas, partes maquinadas, entre otras.

Los proveedores tier 3 o de nivel 3, son empresas proveedoras de insumos de los tier 2, que cumplen los requerimientos de calidad necesarios que demanda la industria automotriz.

En lo referente a la localización se identifican tres regiones importante donde se ubican empresas de este sector, las cuáles son las siguientes (Industria de Autopartes, 2012):

La región noreste, se compone por 198 plantas distribuidas en Chihuahua, Nuevo León, Coahuila y Tamaulipas. La producción en ésta región se enfoca en sistemas de aire acondicionado, sistemas automotrices, piezas de plástico, partes para el sistema eléctrico y partes para el motor y maquinados.

La región noroeste, se compone por 70 plantas distribuidas en Baja California Norte, Baja California Sur, Sinaloa y Durango. La producción en esta región se enfoca en sistemas de aire acondicionado y calefacción, componentes de interiores, accesorios y sistemas eléctricos para automóviles.

La región sureste, se compone por 101 plantas distribuidas en Tlaxcala, Puebla, Estado de México, Morelos, Hidalgo y Distrito Federal. La producción en esta región se enfoca en asientos, aire acondicionado, gatos hidráulicos tipo botella, componentes de interiores, partes para motor, sistemas eléctricos, estampados y suspensión.

Finamente, la región centro que se compone por 142 plantas distribuidas en Jalisco, Guanajuato, Querétaro, Aguascalientes y San Luis Potosí. La producción en esta región se enfoca en estampados, componentes eléctricos, frenos y sus partes, productos de hule, partes para motor y transmisión para automóviles (SE, 2012). En la figura 3, se muestra la localización de la producción de Autopartes en México.

2.7.3 Inversión extranjera directa (IED)

De 2006 a 2011, el monto de las inversiones acumuladas de esta industria fue de 7,648 md. Esto significa que del monto total generado por las inversiones registradas de todos los sectores en el periodo de referencia a nivel nacional, el 4% corresponde a la industria de autopartes. En la gráfica 7, se muestra la inversión extranjera directa del sector de autopartes.

Gráfica 7. Inversión extranjera directa en sector autopartes

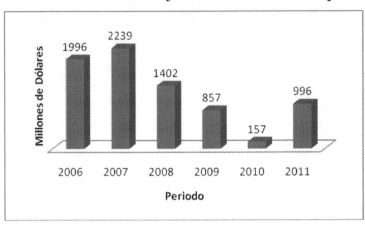

Fuente: Elaboración propia a partir de Secretaría de Economía Industria de Autopartes (2012).

En el periodo de 2006 a 2011, 75 empresas de autopartes anunciaron 106 proyectos de inversión en México, de los cuales 32 corrieron a cargo de sólo 10 empresas: Robert Bosch, Magna International, Meritor, Jatco Ltd., Mahle, Hella KGaA Hueck y Co., Nippon Kayaku, ZF Friedrichshafen, Haldex y Donaldson. Esto se ha traducido en un acumulado de inversión extranjera de 7 648 millones de dólares durante dicho periodo.

2.8 Industria automotriz en Guanajuato

Los indicadores sobre la producción manufacturera en Aguascalientes según INEGI, muestra que durante el 2011 se observó un crecimiento a una tasa del 14.4%, lo que significó estar dentro de las 5 primeras entidades con mejor desempeño económico a nivel nacional (SEDESU, 2014).

Una de las características del sector manufacturero de Guanajuato que lo hace único a nivel nacional es la paz laboral que goza, pues en 43 años de su historia no se ha registrado una sola huelga industrial.

Otro elemento que nos da indicios del desarrollo de Guanajuato es que de 2007 a 2013 captó en inversión 9,800 millones de dólares, con lo que llevó a cabo 242 proyectos, 118 de los cuales pertenecen a la industria automotriz

(Negrete 2013). La industria automotriz captó el 74% de la inversión total que ha llegado a Guanajuato en los últimos 7 años.

La secretaría de desarrollo económico sustentable del Gobierno del Estado (2014) indica que el sector genera alrededor de 83,800 empleos, así, el sector automotriz es el más dinámico y ha permitido a Guanajuato continuar su proceso de evolución al dejar atrás la economía basada en la agricultura, ganadería y minería, y consolidarse como una entidad clave de la industria automotriz en México.

Guanajuato pasó de tener sólo una armadora, que es General Motors la cual se instaló en 1995 en Silao, a cuatro plantas automotrices, con la llegada de Mazda, Honda y Volkswagen.

La puesta en marcha de las plantas armadoras de Mazda en Salamanca y Honda en Celaya, así como la expansión de General Motors y Volkswagen en Silao, permitieron que el valor de la producción automotriz de Guanajuato creciera 34.8% en el primer trimestre de 2014.

La industria automotriz de Guanajuato aceleró y logró rebasar al Estado de México y Puebla, para ubicarse en la segunda posición nacional. Gracias a este crecimiento, Guanajuato brincó del cuarto sitio nacional al segundo en el valor de la producción acumulada, sólo detrás de Coahuila que produjo 71 mil 525 millones en la industria automotriz, con sus plantas armadoras de Chrysler y General Motors.

De acuerdo a datos de INEGI en 2013, la industria automotriz y autopartes de Guanajuato tiene un crecimiento a tasas elevadas del 53%, que hoy se ve reflejado con la llegada de empresas de clase mundial como Pirelli, Hino Motors, Condumex, Pintura Estampado y Montaje, GKN Driveline, Seglo Group, Hutchinson, GST auto leather, Lear Corporation, Hirotec, Continental, Schaffler, Flex y Gate, Cie Celaya, Monroe México y Faurecia entre otras.

De acuerdo a Pro México (2013), algunas de las empresas de autopartes instaladas en Guanajuato son las siguientes:

- Enertec
- Kolbenschmidt Pierburg
- Meridian automotive
- Tenneco automotive
- Bos automotriz
- Hutchinson

- Universal Fasteners
- Bader
- Hope Industries
- Kasai
- Lear
- Flex-N-Gate

- ACE
- American Axle
- Continental
- Delphi

- Grupo Antolin
- McCormick Tractors
- Oxford automotriz

2.9 Industria automotriz en Querétaro

En Querétaro hay 300 empresas, 58 empresas de nivel tier 1, 100 de nivel tier 2 y el resto son 142 del nivel 3. Las 300 empresas del sector autopartes, generan 40 mil empleos formales y el 10% del producto interno bruto (PIB), por lo que de acuerdo con la Secretaría de Desarrollo Sustentable (SEDESU), la industria automotriz es el motor de la economía queretana.

En 2012 Querétaro se consolidó como el primer fabricante de autopartes en México, con una base de 300 empresas, que aportaron 10% de la producción nacional, equivalente a 8,000 millones de dólares (Rodríguez, 2013).

Durante el 2013, Querétaro atrajo el mayor número de inversiones en el sector automotriz, de lo invertido el 30% se orientó a empresas del sector automotriz y este sector captó el 44.5% del monto total invertido.

En este mismo sentido, de las 77 inversiones registradas durante el 2013, 40 fueron del sector metalmecánico y de éstas 23 pertenecen al sector automotriz y la generación de 4 mil 162 plazas laborales de las 12 mil 137 creadas por los proyectos de inversión (Rodríguez, 2013).

La industria automotriz en Querétaro creció en el 2014 poco más de 8%, dos puntos porcentuales más de lo que creció en 2013, lo que representa ingresos cercanos a los cuatro mil millones de pesos (Rosas, 2014).

La participación de la industria automotriz en el producto interno bruto de Querétaro es del 12%, manteniendo el crecimiento que se ha observado en los últimos años.

Los sectores relacionados a la industria automotriz en Querétaro han crecido 30% en los últimos cinco años, lo que ha representado pasar de una inversión de 42 mil millones de pesos a 90 mil millones de pesos. Es un industria pujante que aún tiene mucho que aportar a la economía de Querétaro (Rosas, 2014).

De acuerdo a Pro México (2013) algunas de las empresas de autopartes que se encuentran instaladas en el Estado de Querétaro son:

- VRK Automotive Systems (Kirchhoff)
- Aeroquip Group (Eaton)
- Arvin Meritor
- Dana
- Delphi
- Eaton
- Flex-N-Gate
- Gaindu Mondragón
- Hitachi Cable
- Johnson Controls
- Johnson Matthey
- Kostal

- Magna
- Mann Hummel
- Michelin
- Mold-Tech
- Ronal
- Siemens
- Tremec
- VRK Automotive Systems (Kirchhoff)
- Visteon
- Vitro
- Chevron - Oronite

2.10 Industria automotriz en Tlaxcala

En el Estado de Tlaxcala existen 19 empresas del sector autopartes (SEDECO, 2010), de las cuales el 37% son tier 1, dentro de las que destacan Johnson Controls, SBNMX, Arcomex, Wexler y Grammer, el 63% restante son proveedores de segundo o tercer nivel. El 45% son de capital nacional el resto es extranjero. En Tlaxcala este sector es estratégico, considerando el alto potencial de crecimiento.

En ese terreno el Estado se colocó en la mira del sector automotor debido, entre otros factores, a su ubicación geográfica: cerca de Puebla, de la ciudad de México, conexión con el Golfo de México al oriente y con el bajío al norte.

La entidad a dos kilómetros de la planta de Volkswagen en Puebla es cuna de una proveeduría fuerte con más de 30 firmas. Forma parte de la región cuyas ventas por ese concepto sumaron más de 30,000 mdd en los recientes años, lo cual la colocó en el primer lugar a escala nacional, sin embargo no participa de forma importante en la generación

En la actualidad, el sector está conformado por alrededor de 31 empresas participa con 20% del producto interno bruto (PIB) de la entidad y genera cerca de 7,000 empleos en el sector productivo de manufactura (Gobierno del estado y Pro México, 2013).

De acuerdo a Pro México (2013), algunas de las empresas de autopartes en Tlaxcala son:

- Euwe Eugen Wexler, Grupo Danna, Eissman, Grammer, Johnson Controls, Sebornetz SBN y Condumex.

Capítulo 3

LA COMPETITIVIDAD, SUS MODELOS DE ANÁLISIS Y SUS FORMAS DE MEDICIÓN

Hoy en día la competitividad adquiere cada vez mayor importancia, la apertura a los mercados y la aceleración del cambio tecnológico han impulsado la competencia. Los riesgos para las empresas son cada vez mayores, se vive en un contexto caracterizado por transformaciones profundas, aceleradas y globales.

Es por ello que los siguientes apartados exponen los métodos para medir la competitividad. Es así como en primer término se estudiara la competitividad, su definición e importancia en el contexto industrial, también se vincula el concepto de competitividad con el desarrollo de la manufactura.

3.1 Aspectos históricos de la competitividad

La competitividad es un aspecto que adquiere cada vez mayor relevancia en el campo empresarial, derivado de las nuevas exigencias de los contextos manufactureros actuales. Sin embargo, no se habla de competitividad de manera reciente, tiene sus raíces en las reflexiones de los economistas sobre las causas de la posición dominante de un país u otro en un momento dado, sobre el secreto de su superioridad y sobre las estrategias para lograrlas (Hernández, 1998).

La discusión de este tema ha interesado a una amplia gama de pensadores entre estos a Adam Smith quien presento el primer argumento moderno sobre competitividad en su obra "La naturaleza y causa de la riqueza de las Naciones" que en 1776 enfatizó que cuando dos o más agentes compiten, se dice que uno de ellos tiene ventaja absoluta porque es más productiva que el resto. Smith defiende que los países deben especializarse en los bienes para cuya producción emplean menor cantidad de materiales que los demás países y exportar parte de éstos para comprar los bienes que otro país produce con un menor costo.

Al igual que Smith, David Ricardo en 1817 delineo los contornos para estudiar la competitividad en su obra "Principio de Economía Política" desarrolló la teoría de las ventajas comparativas para explicar por qué un país podría importar mercaderías aun produciendo a bajo costo.

Por otra parte, es hasta el trabajo de Porter (1990) que el concepto de competitividad se torna útil, operativo y dinámico. Sin duda alguna, Michael Porter puede considerarse el más destacado portavoz del concepto de ventaja competitiva. En su libro la ventaja competitiva de las naciones (1993), plantea que la estrategia competitiva establece el éxito o fracaso de las empresas y que ésta debe ser suficiente, creciente y sostenida en el tiempo, con el fin de garantizar los elementos esenciales para la existencia de una empresa.

Es oportuno considerar el conjunto de definiciones de competitividad que se muestra en la Tabla 4 que dan cuenta de la variedad de enfoques y visiones que refieren a este concepto. El término de competitividad ha sido referido a través del tiempo por teóricos sumamente reconocidos y en algunos casos ha sido el núcleo central de sus teorías y modelos.

La competitividad es uno de los conceptos más asiduamente estudiados y al mismo tiempo más controvertidos en ámbitos de investigación académica, empresariales, gubernamentales y medios de difusión. Como señaló Hamel (1994), "la competitividad despierta un interés floreciente en grupos diversos: los políticos pretenden mejorarla, los legisladores debaten sobre ella, los editores publican sobre ella, los consultores viven de implantarla, y los economistas intentan explicarla y medirla".

Tabla 4. Conceptos de Competitividad

Autor/Obra	Aportación/Concepto
Jones y Teece (1988)	Grado por el cual un país, en un mundo de competencia abierta, produce bienes y servicios que satisfagan las exigencias del mercado internacional, y simultáneamente expande su PIB y su PIB per cápita al menos tan rápidamente como sus socios comerciales"
Fajnzylber (1998)	define la competitividad como la capacidad de un país para sostener y expandir su participación en los mercados internacionales, y elevar simultáneamente el nivel de vida de su población
Hernández (1998)	Se entiende por competitividad a la capacidad de una organización pública, o privada, lucrativa o no, de mantener sistemáticamente ventajas que le permitan alcanzar, sostener y mejorar una determinada posición en el entorno socioeconómico.
Adam Smith (1776)	Enfatizó la importancia de producir a bajos costos, argumentando que la libertad de mercados determinaría de manera eficiente como la producción de un país podría satisfacer las necesidades de otros.
David Ricardo (1817)	Desarrolla la teoría de las ventajas comparativas. Su teoría se basa en las diferencias entre las condiciones de producción de los países y en la posesión diferenciada de factores de producción.
Esser (1994).	La competitividad no surge espontáneamente al modificarse el contexto macro ni se crea recurriendo exclusivamente al espíritu de empresa a nivel micro. Es más bien el producto de un patrón de interacción compleja y dinámica entre el estado, las empresas, las instituciones intermediarias y la capacidad organizativa de una sociedad.
Bordas (1993).	Capacidad de una industria de alcanzar sus objetivos, de forma superior al promedio del sector de referencia y de forma sostenible, o sea: capacidad de obtener rentabilidad de las inversiones superior al promedio, de manera razonable y capacidad de hacerlo con bajos costos sociales y ambientales».
Lever (1999), Begg (2002), Sobrino (2002)	Para estos autores la competitividad es un proceso de generación y difusión de competencias, el cual depende no solo de factores micro-económicos sino también de las capacidades que ofrece el territorio para facilitar las actividades económicas.
Porter (1991).	La competitividad se determina por la productividad con la cual una nación, región o clúster utiliza sus recursos naturales, humanos y de capital. La productividad fija el estándar de vida de una nación o región (salarios, retornos al capital, retornos a las dotaciones de recursos naturales.

Fuente: Elaboración Propia, 2015.

Hoy en día la competitividad adquiere cada vez mayor importancia (Kelly, 2007) la apertura a los mercados y la aceleración del cambio tecnológico han impulsado la competencia. Los riesgos para las empresas son cada vez mayores, se vive en un contexto caracterizado por transformaciones profundas, aceleradas y globales.

Para aclarar el término de competitividad es necesario mencionar que de acuerdo con Rivas (2010) existen tres tipos de modelos/niveles para medir la competitividad: los que miden la competitividad en el nivel país, los que miden la competitividad de sectores industriales y los que miden la competitividad en empresas (Galán y Vecino, 1997) estos tres efectos tienen un carácter aditivo, de manera que el impacto sobre la competitividad es la suma de cada uno de los efectos (Salas, 1993).

3.2 Competitividad empresa

En cuanto al concepto de competitividad empresarial se puede plantear que, al igual que la competitividad en general, éste presenta un sin número de definiciones y no es fácil encontrar una en la que todos estén de acuerdo. Sin embargo, como lo plantean Michael Porter (1990) y Paul Krugman (1991): "las que compiten no son las naciones sino las empresas", a un país lo hace competitivo las empresas que se desarrollan en su territorio. Por lo tanto, la base de la competitividad se encuentra en la productividad empresarial.

Entre las definiciones que se han planteado se pueden señalar las siguiente; la capacidad de las empresas que bajo condiciones de mercado libre y leal, son capaces de diseñar, desarrollar, producir y colocar sus productos ventajosamente en los mercado internacionales generando mayor valor agregado que sus competidores a partir de una concepción sistemática que incorpora elementos económicos, empresariales, políticos y socioculturales (Alic, 1987; Valero, 2004; Malaver, 1999; Reinel, 2005).

La idea de competitividad empresarial supone además que las empresas compiten entre sí para ubicarse de la mejor manera posible en el marco de la existencia de una oferta de productos o servicios mayor o igual que la demanda. La competitividad empresarial puede estar también ligada a los diferentes mecanismos que se instauran dentro de la entidad misma para favorecer el buen desarrollo y el interés por mejorar todas las secciones que la componen, así también como de los individuos que trabajan en ella, sea cual sea su puesto.

Para el estudio de la competitividad empresarial se han diseñado algunas metodologías tanto a nivel nacional como internacional, con el propósito de establecer qué tan competitiva es una empresa, en la tabla 5 se presentan algunas de las que se han desarrollado internacionalmente.

Tabla 5. Metodologías determinantes de la Competitividad Empresarial Según Diversos Autores

Autor	Factores Determinantes
Maidique y Patch (1978)	Las estrategias de mercado, la preferencia de consumidores y la especialización del producto.
OECD (1992)	a) la exitosa administración de los flujos de producción y de inventarios de materia prima y componentes; b) la integración exitosa de planeación de mercado, actividades de I+D, diseño, ingeniería y manufactura; c) la capacidad de combinar I+D interna con I+D realizada en universidades, centros de investigación y otras empresas; d) la capacidad de incorporar cambios en la demanda y la evolución de los mercados; e) la capacidad de establecer relaciones exitosas con otras empresas dentro de la cadena de valor
Esser, Hillebrand, Messner y Meyer-Stamer, (1994),	Calificación del personal y la capacidad de gestión, estrategias empresariales, gestión de la innovación, Best Practice en el ciclo completo de producción, integración en redes de cooperación tecnológica, logística empresarial, y interacción entre proveedores, productores y usuarios.
Serralde (1997)	La participación relativa en el mercado, la calidad de los productos y servicios, la rentabilidad, la cobertura de los canales de distribución, la reputación de los productos, la fuerza de la investigación y desarrollo, las relaciones con el gobierno.
Wilensky (1996)	El precio, el producto, la promoción, la plaza, y la posventa.
Garay (1998)	Los procesos internos de la empresa y de la industria, así como las condiciones económicas e institucionales del ambiente productivo en el que se encuentra inmersa la primera.

Gutiérrez (1999)	Calidad, el precio y el tiempo de entrega de sus productos y servicios.
Álvarez (1999)	Ventas, utilidad y participación de mercado
García (1993)	Calidad, calidad del servicio, relaciones públicas.
Hernández y Rodríguez (2000)	Satisfacción del cliente, calidad del producto, utilidades (ingresos)
Abdel y Romo, 2005	Investigación y desarrollo, calificación de los trabajadores, cooperación con otras empresas, y d) sistemas de manufactura y producción.

Fuente: Elaboración Propia, 2015.

A partir de los planteamientos de los autores presentados hasta el momento, se puede establecer que existen factores endógenos y exógenos que determinan la competitividad de una empresa. Es decir, la factibilidad de que una empresa alcance y mantenga sus niveles de competitividad se concentra en las competencias distintivas o ventajas competitivas que desarrolle internamente y en los condicionamientos externos que le brindan tanto la industria o sector al que pertenece, como la región-país en la que se encuentra ubicada.

3.3 Competitividad país

No hace falta decir que este nivel es crucial, ya que determina en gran medida la competitividad de los demás niveles inferiores, el concepto de competitividad de un país o nación incluye diversos conceptos, en términos generales, como primer enfoque la competitividad para un país es el grado en el cual, en condiciones libres y claras de mercado sus industrias son capaces de innovar, mejorar (Ramos, 2001) y expandir su participación en los mercados internacionales, al tiempo de elevar la calidad de vida de su población (Fajnzylber, 1988).

Un segundo enfoque, encabezado por Paul Krugman, pone el acento sobre el rol empresarial, enfatizando que los factores decisivos para la competitividad de una nación son internos a la empresa y no externos, estos últimos puedan alterarse fácilmente y a corto plazo con una adecuada política económica (Krugman, 1991, 1992, 1994, 1996) pero no son factores determinantes. La competitividad de un país está así sostenida de manera casi exclusiva por el desempeño económico de sus unidades productivas. De acuerdo a su visión, en el comercio internacional operan fuerzas de equilibrio y fuerzas más o menos automáticas que aseguran que cualquier país se mantenga en condiciones de colocar ciertos bienes en los mercados mundiales.

Terminamos esta sección dedicando comentando algunos de los modelos de medición de la competitividad por país, que se muestran en la Tabla 6. El índice más conocido al medir la competitividad es del reporte global del Foro Económico Mundial (WEF, 2012) que se publica año a año desde 1979. Los autores de este reporte y el organismo que lo avala, consideran que el nivel de competitividad tiene una relación directa con la capacidad de las naciones para el desarrollo de su bienestar. Bajo esta consideración fundamental, es que han desarrollado su índice para captar tanto los aspectos microeconómicos como macroeconómicos que fundamentan la competitividad de una nación. Otro reporte sobre competitividad que es considerado un referente importante es el de la escuela de negocios suiza IMD que publica anualmente un ranking de competitividad en el cual se analizan 60 economías en cuatro dimensiones: su desempeño económico, eficiencia del gobierno, eficiencia para hacer negocios y el desarrollo de infraestructura.

Tabla 6. Modelos para medir la competitividad

Modelo diamante de Porter	Modelo World Economic fórum	Modelo IMD	Modelo heritage foundation	OECD
Estrategia, estructura y rivalidad	Instituciones	Actuación económica (economía doméstica, comercio internacional, inversión internacional, empleo y precios)	Carga fiscal del Gobierno	Vivienda Ingresos Empleo
Comportamiento de la demanda	Infraestructura	Eficiencia del gobierno (finanzas públicas, política fiscal, estructura institucional, legislación empresarial, estructura social)	Política comercial	Comunidad Educación

Servicios anexos y de apoyo	Macroeconomía	Eficiencia empresarial (productividad, mercado laboral, finanzas, práctica de gestión y actitudes y valores)	Política Monetaria	Medio Ambiente
Factores condicionales	Salud y educación básica	Infraestructura (Infraestructura básica, infraestructura tecnológica, infraestructura científica, salud y medio ambiente, educación)	Flujos de capital de inversión extranjera	Compromiso Cívico
Gobierno	Educación superior y capacitación		Salarios y precios	Salud
	Eficiencia de mercado		Derechos de propiedad	Satisfacción
	Tecnología		Marco regulatorio	Seguridad
	Estrategia y operaciones de la empresa		Actividad del mercado informal	Balance de vida-Trabajo

Fuente: (Romo y Rivas, 2010).

El modelo de Diamante de Michael Porter para la ventaja competitiva de las naciones, ofrece un modelo que puede llegar a entender la posición comparativa de una nación en la competición global. Las características de los determinantes o componentes del diamante determinan las industrias o los segmentos industriales en los que una nación tiene las mejores oportunidades para alcanzar el éxito internacional. Las ventajas, en todos los determinantes o componentes del diamante, son necesarias para alcanzar y mantener dicho éxito.

El diamante de Porter genera un entorno fértil para la creación de empresas competitivas y promueve la agrupación en cluster de empresas globalmente competitivas. Adicionalmente, se genera un efecto en cascada hacia industrias relacionadas ya sea vertical u horizontalmente, con una tendencia a concentrarse geográficamente. Esto hace que el nivel de la competencia se incremente, se agilicen los flujos de información y acelere la dinámica del sistema.

Otro reporte sobre competitividad que es referente es el Índice de Libertad Económica fundada en 1973 y creado por The Heritage Fundation en conjunto con Wall Street Journal. Este estudio, valora y clasifica 183 países en cuanto a su grado de libertad económica, la que entiende como "la ausencia de coerción gubernamental en la producción, distribución o consumo de bienes y servicios". La definición de este índice se basa en diez indicadores, que son considerados de igual importancia para la elaboración final del índice. Por medio de una base de datos, los países analizados son rankeados entre el número 0 y el 100, representando el último la máxima libertad, y reflejando un ambiente y políticas económicas que conducen a economías más libres.

El modelo de la Organización para la Cooperación y el Desarrollo Económicos (OCDE) es único, donde 34 naciones trabajan conjuntamente para abordar los retos económicos, sociales y ambientales de la globalización. La organización proporciona un escenario en el cual los gobiernos pueden comparar las experiencias de sus políticas públicas, buscar soluciones a problemas comunes, identificar buenas prácticas y trabajar en la coordinación de políticas internacionales y locales.

3.4 Competitividad industrial

La competitividad de la industria mundial, en especial de los países desarrollados, está dominada por agrupamientos de empresas que interactúan muy fuertemente entre sí en aspectos tecnológicos y de conocimientos para generar innovación, y cuyo resultado se manifiesta en crecimiento y generación de competitividad dentro de las industrias.

En lo referente a la competitividad de una industria Simmons (2002), plantea que consiste en la capacidad que tienen las empresas nacionales de un sector particular para alcanzar un éxito sostenido contra o en comparación con sus competidores foráneos, sin protecciones o subsidios. Dada la definición de industria, se infiere que su competitividad es el resultado, en gran medida, de la competitividad de empresas individuales, pero al mismo tiempo la competitividad de las empresas se verá incrementada por el ambiente competitivo prevaleciente en la industria. Las empresas que forman parte de una industria competitiva tienden a verse beneficiadas en distintas formas, al crearse un círculo virtuoso entre el desempeño de la empresa y el desempeño de la industria.

El mejoramiento de la competitividad industrial es fundamental para la consecución de mayores niveles de desarrollo económico y social. En efecto, la competitividad industrial está asociada con la capacidad de participar exitosamente en mercados internacionales, la generación de valor agregado y la creación de empleo, entre otros factores. Pero también puede estar sustentada en ventajas comparativas dinámicas, producto de introducir nuevos y mejores productos, implementar nuevas formas de organización empresarial o incrementar la capacidad productiva.

En el Tabla 7 se puede observar un comparativo de modelos en el nivel de sector industrial.

Tabla 7. Comparativo de modelos en el nivel Industrial

Jacquemin (1982)	Porter (1982 y 1987)	Bueno (1991)	WEF Y DELOITTE
Modelo Competitividad Sectorial (1982)	Diamante de Porter (1982 y 1987)	Modelos de Competitividad Sectorial (1991)	Modelo Global Manufacturing Competitiveness Framework (2011)
1. Diferenciación de Productos	1.Competidores actuales en el sector industrial	1.Nuevos competidores Nuevas Empresas Competencia internacional Competencia de otros sectores	Capacidades
2. Barreras de Entrada 3. Grado de concentración 4. Naturaleza de la demanda	2.Competidores potenciales 3. Productos sustitutos 4. Poder de negociación de los clientes 5. Poder negociador de los proveedores	2. Nuevos Productos Productos sustitutos 3. Poder negociador de los clientes 4. Poder de negociación de los proveedores 5. Poder de negociación de la administración pública (poder público)	Fuerzas de Mercado Recursos Fuerzas de Gobierno

6. Poder de negociación de los propietarios (poder económico)
7. Poder de negociación de los sindicatos, organizaciones políticas, asociaciones de consumidores (poder social)

Fuente: Adaptado de Bueno (1994).

El modelo seleccionado es el de Manufacturing Competitiveness Framework (2011) porque es un modelo de competitividad en la manufactura, que es la perspectiva bajo la cuál se desarrolla el libro, además está avalado por el foro económico mundial y por Deloitte.

En el siguiente apartado se describe brevemente el modelo seleccionado.

3.5 Global Manufacturing Competitiveness Framework

Para explorar cómo el ecosistema de la manufactura global está evolucionando, el Foro Económico Mundial (FEM), junto a especialistas en manufactura de Deloitte, se embarcaron en un proyecto llamado "El Futuro de la Manufactura" para identificar los factores que con mayor probabilidad darán forma al futuro de la competencia para países y empresas. Las principales conclusiones de este estudio fueron expuestas en la reunión anual del Foro 2012 en Davos, incluyendo las hallazgos fundamentales que serán de utilidad para los políticos que se ocupan de la creación de empleo y crecimiento económico.

El proyecto concluyó que la manufactura o la "capacidad de hacer las cosas", es un motor fundamental de creación de conocimiento, de innovación, de capacidad del desarrollo y de prosperidad económica. En este sentido, existe un estrecho vínculo entre las capacidades de fabricación y la prosperidad económica, por tanto es considerada como una variable predictora de un vibrante y exitoso crecimiento de la economía.

La investigación de Deloitte con el FEM, indica que en el futuro los ganadores de la manufactura se van separar de los demás, debido principalmente a las variables que se muestran en el Global Manufacturing Competitiveness Framework (figura 4), descritas como las fuerzas del mercado, fuerzas de gobierno, así como los recursos y capacidades. Estas variables son clave para el desarrollo y será donde tendrá lugar la competencia para las empresas y los países en el futuro.

El estudio también hace hincapié sobre el papel decisivo de la política pública y su impacto en la competitividad de la manufactura de las naciones y las empresas, la cual sin duda alguna deberá de enfrentar el reto de instrumentar equilibradamente políticas para lograr la prosperidad, el desarrollo verde y sostenible.

Vale la pena puntualizar que para esta obra sólo se toman en cuenta las variables de infraestructura, innovación, tecnología y recursos humanos debido a que están estrechamente relacionadas con la competitividad y el desarrollo de la manufactura de un país, las demás variables no se consideran debido a que incluirlas derivaría en un estudio de variables demográficas, económicas y de política publica, que están fuera del alcance de la perspectiva de este texto.

Figura 1. Global Manufacturing Competitiveness Framework

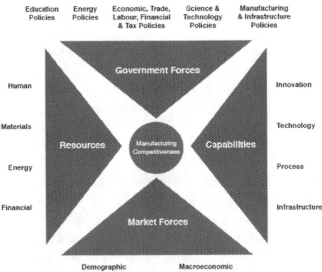

Fuente: WEF (2012).

3.6 Variables del estudio

En este apartado se hace un marco de referencia teórico con las variables del modelo Global Manufacturing Competitiveness Framework, esta variables fueron enriquecidas a través de la investigación bibliográfica realizada.

3.6.1 Infraestructura

Los niveles de competitividad están estrechamente relacionados con el desarrollo de la infraestructura de los países, es importante destacar que la base material para el desarrollo y para acelerar los avances del bienestar de la población, depende en buena medida del crecimiento y rehabilitación de la infraestructura del país, ya que de ella depende el desenvolvimiento industrial, financiero, urbano y rural, así como de las capacidades para proveer los servicios que inciden directamente en el desarrollo económico, social y humano, así como en la competitividad internacional y en el mercado interno del país.

La infraestructura es una condición fundamental para el desarrollo y, en un entorno cada vez más abierto a la competencia, su contribución a la manufactura global es de gran importancia y por tanto a la competitividad de la economía, la disposición de infraestructura tiene una influencia directa sobre las posibilidades de crecimiento de una economía.

Haciendo referencia a los párrafos anteriores podemos definir a la infraestructura como el conjunto de estructuras de ingeniería e instalaciones que constituye la base sobre la cual se produce la prestación de servicios considerados necesarios para el desarrollo de fines productivos, políticos, sociales y personales (Sandrea y Boscán, 2014).

Para medir la competitividad de la infraestructura de un país el Foro Económico Mundial en su edición 2012-2013 evalúa a 144 naciones mediante un promedio ponderado de 7 pilares básicos de la Infraestructura. Estos pilares son:

- Calidad de las carreteras
- Calidad de la infraestructura ferroviaria
- Calidad de la infraestructura portuaria
- Calidad de la infraestructura aérea

- Calidad del suministro de electricidad
- Líneas telefónicas

En conjunto, estos 6 rubros evalúan la calidad general de la infraestructura de un país. La evaluación se realiza a través de una encuesta que se aplica a empresarios, académicos y líderes empresariales de los países que se califican.

3.6.2 Innovación y tecnología

La definición de innovación, que puede ser tomada como un punto de partida en la actualidad, es la dada por la OCDE y Eurostat (2005), la define como la introducción de un nuevo, o significativamente mejorado, producto (bien o servicio), de un proceso, de un nuevo método de comercialización o de un nuevo método organizativo, en las prácticas internas de la empresa, la organización del lugar de trabajo o las relaciones exteriores.

Por su parte Porter (1990) plantea que la innovación, ya sea de procesos, de productos u organizativa, determina la competitividad de una nación, ya que ésta depende de la capacidad de las industrias para innovar y mejorar.

Esto coincide con lo propuesto por Sutz y Arocena (2002) como aspectos para delimitar la innovación: localización, tipo y ámbito. Por localización se entiende que sea innovación para el mundo, el país, la ciudad, la empresa, y por tipo menciona producto o proceso, y por ámbito hace referencia a si es interna a la organización o si se comercializa (López Isaza, 2006).

La innovación es una de las estrategias empresariales más efectivas para generar valor agregado, permitir la supervivencia y la competitividad en mercados cada vez más exigentes y globales. De hecho, en algunos sectores industriales, la innovación es un factor determinante para mantenerse en la competencia y aumentar la competitividad.

La innovación aumenta la competitividad a través de los mercados, es decir vendiendo más o bien a través de un aumento en la productividad, y esto genera un incremento de la producción mejorando el saldo de la balanza comercial en un sector industrial (García-Ochoa, 2007).

Mientras que la tecnología según Ribault, Martinet y Lebidois (1991), la podemos definir como un ensamblado complejo de conocimientos, de medios y de saber hacer, organizado para una producción.

La tecnología es un instrumento que apoya la estrategia de la empresa y también puede en sí misma configurar la definición de la estrategia. Según esta última perspectiva, la tecnología es una variable de nivel estratégico, capaz de proporcionar oportunidades competitivas a las firmas que sepan utilizarla de forma adecuada.

La posesión de determinados recursos y capacidades tecnológicos han llevado a grandes cambios en la estructura, estrategia y forma de trabajar de organizaciones alrededor del mundo, modificando sus procesos y apoyando la creación de ventajas competitivas.

El cambio tecnológico es intrínsecamente importante cuando afecta a la ventaja competitiva y a la estructura de una industria, sin embargo una tecnología de vanguardia no necesariamente garantiza la rentabilidad. La importancia de la tecnología en la competencia no depende de su valor técnico o científico, ni de la posición superior de un producto físico; la tecnología es importante desde un enfoque estratégico solo si afecta de sobremanera la ventaja competitiva o la estructura de la industria (Porter, 2004).

El entorno económico actual se caracteriza por un ritmo de progreso científico y técnico, lo que permite el desarrollo de tecnología que se constituye en uno de los factores determinantes para la competitividad y para el desarrollo económico de un sector industrial.

Es así que el desarrollo de tecnología altamente vendible en un mercado, suele incrementar la productividad de la industria. De tal forma que la innovación tecnológica tiene un protagonismo creciente, con colosales efectos sobre la estructura de las industrias y la economía.

Esta categorización ilustra aún más el papel que cumple la tecnología y la innovación en la prosperidad de una nación o de una empresa, pues se constituyen en un medio para las transformación de ideas y conocimiento que derivarán en productos y procesos nuevos o mejorados y/o nuevas formas organizacionales, cuyas repercusiones en la rentabilidad empresarial y en las condiciones de vida de la población son palpables.

Para medir la tecnología e innovación relacionadas con la industria de autopartes de las entidades de Guanajuato, Querétaro y Tlaxcala se tomaran como variables las siguientes: el número de centros de investigación, número de integrantes del Registro Nacional de Instituciones y Empresas Científicas y Tecnológicas (RENIECYT), cantidad de investigadores del Sistema

Nacional de Investigadores (SIN), el número de posgrados pertenecientes al Programa Nacional de Posgrados de Calidad (PNPC), el número de becas del Consejo Nacional de Ciencia y Tecnología (CONACYT) para estudios de posgrado, los números sobre propiedad intelectual relativos a patentes, la producción científica, y el financiamiento estatal para ciencia y tecnología.

3.6.3 Recurso humanos

El capital humano es el más importante de todos los elementos que integran una organización y a su vez, es el más difícil de controlar, ya que el pensamiento y la perspectiva de cada quien es muy distinta.

La competitividad es producto del talento y capacidad del capital humano, se crea y logra a través de un largo proceso de aprendizaje y negociación efectuada al interior de grupos colectivos representativos que configuran la dinámica de conducta organizativa, de accionistas, directivos, empleados, acreedores, clientes, competencia, mercado, gobierno y la sociedad en general.

Para conseguir crear una ventaja competitiva las empresas han de contar con personal con competencias profesionales adecuadas, actitudes y habilidades, se han de poseer procesos de innovación permanente, fidelidad de la clientela, unas buenas relaciones entre los trabajadores, una buena tecnología organizacional, la capacidad de atraer y retener a los mejores profesionales, a todos estos activos intangibles se les ha denominado comúnmente capital intelectual, y la mayoría de los estudios coinciden en que, a su vez, este concepto tiene tres dimensiones: capital humano, capital estructural y capital relacional (Edvinsson y Malone, 1997; Bontis, 1998).

Littlewood (2004) nos muestra la importancia que tiene el capital humano cuando nos dicen que "en la actualidad el capital humano es uno de los factores determinantes que contribuye a la competitividad de las organizaciones, puesto que las competencias, los conocimientos, la creatividad, la capacidad para resolver problemas, el liderazgo y el compromiso del personal son algunos activos requeridos para enfrentar las demandas de un entorno turbulento y alcanzar la misión organizacional".

Así, en la medida en que los elementos que componen el capital humano son tácitos y defendibles, pueden ser considerados como fuentes de ventajas competitivas al ser recursos valiosos, difíciles de imitar y sustituir, y apropiables (Navas y Ortiz, 2002).

El interés de los países y empresas es mejorar la competitividad y el capital humano por medio de la formación y capacitación de las personas de las que se integra, sin olvidar que es fundamental las acciones articuladas y organizadas vinculadas con la educación.

Es evidente la necesidad de ver la educación como una de las palancas del desarrollo y al mismo tiempo el desarrollo competencias específicas en centros de formación para un sector industrial, pueden ser motores para el impulso de la productividad y la competitividad empresarial.

Es indispensable considerar que las empresas del sector Autopartes requieren formar capital humano en programas relacionados con la ingeniería y la tecnología, con conocimientos y habilidades adquiridos a través de la educación formal para el incremento de la productividad de la fuerza laboral y para el uso, adopción y generación de nuevas tecnologías. Para medir los recursos humanos relacionadas con la industria de autopartes de las entidades de Guanajuato, Querétaro y Tlaxcala, se consideraron las siguientes variables: la matrícula de ingeniería y tecnología, la matrícula de posgrado ciencia y tecnología y los investigadores del SNI del área de ingeniería, que son dados a conocer por el diagnóstico estatal de ciencia, tecnología e innovación emitido por el foro consultivo y tecnológico. La tabla 8 muestra las variables de innovación, tecnología, infraestructura, recursos humanos y los factores de competitividad.

Tabla 8. Operacionalización de Variables

Innovación y Tecnología	Recursos Humanos	Infraestructura	Factores de Competitividad
Centros de investigación	Matricula y cobertura de LUT	Carreteras	Inversión extranjera directa
Integrantes del Reniecyt	Matricula y cobertura de posgrado	Infraestructura ferroviaria	Producto interno bruto
Posgrados pertenecientes al PNPC	Matricula de LUT afín a CyT	Infraestructura Portuaria	
Solicitud de patentes	Matricula de posgrado afín a CyT	Infraestructura Aérea	
Patentes otorgadas		Líneas Telefónicas	
Producción científica	Investigadores del SNI	Electricidad	
Producción científica de los investigadores del SNI	Investigadores del SNI del área de ingeniería.		
Presupuesto estatal para ciencia, tecnología e innovación Proyectos PEI Ranking de ciencia, tecnología e innovación.	Número de becas Conacyt		

Fuente: Elaboración Propia, 2015.

CAPÍTULO 4

COMPARATIVA DE LOS ESTADOS.

En este capítulo se presenta la información con respecto a la recolección de datos y los resultados del análisis descriptivo-comparativo de las variables seleccionadas para el estudio y entre los sectores de autopartes de Querétaro Guanajuato y Tlaxcala.

4.1 Innovación y tecnología

A continuación se describe las variables que forman parte de la Innovación y Tecnología, se presentan gráficas comparativas entre los Estados de Tlaxcala, Querétaro y Guanajuato.

4.1.1 Centros de investigación

De acuerdo al Conacyt 2015, los centros de Investigación son instituciones que cubren los principales campos del conocimiento científico, tecnológico, social y humanístico, de acuerdo a sus objetivos y especialidades.

Los objetivos de los centros de investigación son los siguientes:

* Generar conocimiento científico y promover su aplicación a la solución de problemas nacionales.

- Formar recursos humanos de alta especialización, sobre todo a nivel de posgrado.
- Fomentar la vinculación entre la academia y los sectores público, privado y social.
- Promover la innovación científica, tecnológica y social para que el país avance en su integración a la economía del conocimiento.
- Promover la difusión y la divulgación de la ciencia y la tecnología en las áreas de competencia de cada uno de los Centros que integran el Sistema.
- Fomentar y promover la cultura científica, humanística y tecnológica de la sociedad mexicana

El conocimiento es actualmente el factor fundamental para el desarrollo y competitividad de los países, y por tanto del bienestar social. El conocimiento se genera principalmente en los centros de investigación, desarrollo e innovación, (CI+D+I), tanto de universidades como independientes. En la gráfica 8 se muestra los centros de investigación con los que cuentan los Estados de Tlaxcala, Querétaro y Guanajuato para el fortalecimiento de la investigación científica y la innovación tecnológica.

Gráfica 8. Centros de Investigación

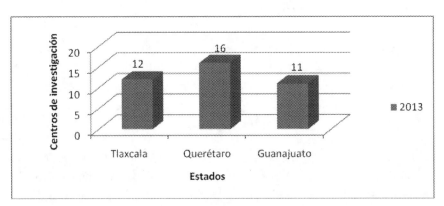

Fuente: Elaboración propia. Con datos de Diagnósticos Estatales de Ciencia, Tecnología e Innovación 2014.

Cabe destacar que el Estado de Tlaxcala tiene 12 centros de investigación como se muestra en la tabla 9, pero no cuenta con ningún centro de investigación en ingeniería afín a la industria automotriz, la orientación de los centros de investigación actuales es enfocada a las ciencias sociales y humanidades.

Tabla 9. Centros de investigación

Tlaxcala

Centro de Investigación Acuícola

Centro de Investigación de Ciencias Biológicas

Centro de Investigación en Genética y Ambiente

Centro de Investigaciones Interdisciplinarias Sobre Desarrollo Regional

Centro Tlaxcala de Biología de la Conducta

Centro de Investigaciones Interdisciplinarias sobre Desarrollo Regional

Centro de Investigación en Biotecnología Aplicada

Centro de Investigación y de Estudios Avanzados (CINVESTAV)

Instituto de Investigaciones Biomédicas UNAM

INIFAP-Sitio Experimental Tlaxcala

Centro INAH- Tlaxcala

El Colegio de Tlaxcala, AC

Querétaro

Centro de Ingeniería y Desarrollo Industrial (CIDESI)

Centro de Investigación y Desarrollo Tecnológico en Electroquímica (CIDETEQ)

Centro de Tecnología Avanzada (CIATEQ)

Centro de Física Aplicada y Tecnología Avanzada

Centro de Geociencias

Instituto de Ingeniería

Instituto de Neurobiología

Centro Nacional de Investigación Disciplinaria en Fisiología (CENID)

Centro de Investigación Regional Centro (CIRCE)-Sitio Experimental Querétaro

Centro Nacional de Investigación en Fisiología Animal (CENIDFA)

Centro de Investigación en Ciencia Aplicada y Tecnología Avanzada (CICATA QUERÉTARO)

Centro INAH-Querétaro

Centro Interdisciplinario de Investigación y Docencia en Educación Técnica (CIIDET)

Centro Nacional de Metrología (CENAM) – SE

CINVESTAV-Querétaro
Instituto Mexicano del Transporte – SCT

Guanajuato

Centro de Innovación Aplicada en Tecnologías Competitivas (CIATEC)
Centro de Investigación en Matemáticas, AC (CIMAT)
Centro de Investigaciones en Óptica, AC (CIO) ITESM
Centro de Investigación Regional Centro (CIRCE) Campo Experimental Bajío
Centro de Investigación Regional Centro (CIRCE) Sitio Experimental Norte de Guanajuato
Centro INAH-Guanajuato
CINVESTAV-Guanajuato
IMSS-Hospital Regional de Alta Especialidad del Bajío
Instituto Tecnológico de Celaya
Universidad de Guanajuato
Centro de Innovación en Tecnología de la Construcción

Fuente: Elaboración propia con datos de FCCyT.

El Estado de Querétaro cuenta con 5 centros de investigación a fin a la industria automotriz: el Centro de Tecnología Avanzada (CIATEQ), el Centro de Ingeniería y Desarrollo Industrial (CIDESI), el Instituto de Ingeniería, Ciencia Aplicada y Tecnología Avanzada y el Centro Nacional de Metrología (CENAM)

La entidad de Guanajuato cuenta con 11 centros de investigación de los cuales el Centro de Innovación Aplicada en Tecnologías Competitivas (CIATEC), Centro de Investigaciones en Óptica, Instituto tecnológico de Celaya y la universidad de Guanajuato son centros de investigación afines a la industria automotriz.

4.1.2 Integrantes del RENIECYT por millón de habitantes 2007-2012

El registro nacional de instituciones y empresas científicas y tecnológicas (RENIECYT) es un instrumento de apoyo a la investigación científica, el desarrollo tecnológico y la innovación del país a cargo del Conacyt a través del cual identifica a las instituciones, centros, organismos, empresas y personas físicas o **morales de los sectores público, social y privado que**

llevan a cabo actividades relacionadas con la investigación y el desarrollo de la ciencia y la tecnología en México.

El Reniecyt aporta a la industria de autopartes la formación de talento, generación de conocimiento desarrollando productos y servicios de alto valor. Además de recibir programas de apoyo y estímulo.

En la gráfica 9 se muestra los integrantes del Reniecyt por millón de habitantes de los Estados de Tlaxcala, Querétaro, Guanajuato y el promedio nacional.

Gráfica 9. Integrantes del RENIECYT por millón de habitantes

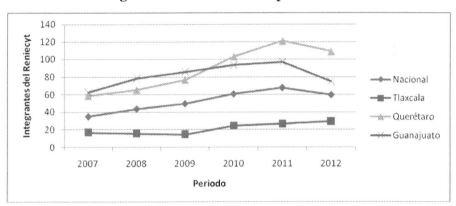

Fuente: Elaboración Propia. Con datos de Diagnósticos Estatales de Ciencia, Tecnología e Innovación 2014.

En 2012, 0.52% de los integrantes del Reniecyt se encontraba en Tlaxcala, mientras que por cada 10 mil unidades económicas (ude) de la entidad se identifican 5.4 miembros del Reniecyt. A partir de gráfica 9, es posible determinar que entre el periodo 2007 a 2012 la tasa de crecimiento promedio anual fue de 13.6%. Por otro lado, la distribución por tipo de agremiado muestra que 66.7% de los integrantes son empresas, seguido de instituciones de educación superior (IES) (sede y subsede) que aportan 19.4%, mientras que en tercer lugar se encuentran las instituciones no lucrativas (sede) con una participación de 5.6%.

Para la entidad de Querétaro en 2012, 3% de los integrantes del RENIECYT se encontraban en la entidad, mientras que por cada 10 mil ude de la entidad se identifican 26.3 miembros del Reniecyt.

A partir de gráfica 9, es posible determinar que entre el periodo 2007 a 2012, la tasa de crecimiento promedio anual fue de 15.3%. Por otro lado, la distribución por tipo de agremiado muestra que 79.8% de los integrantes son empresas, seguido de instituciones no lucrativas que aportan 6.3%, mientras que en tercer lugar se encuentran las IES (sede y sub-sede) con una participación de 5.8%.

En Guanajuato en 2012, 6% de los integrantes del RENIECYT se encontraba en Guanajuato. En Guanajuato la tendencia en el registro fue ascendente de 2007 a 2012, con una tasa de crecimiento promedio de 4.8% anual. Por otro lado, la distribución por tipo de agremiado muestra que 76% de los integrantes son empresas, seguido de personas físicas con actividad empresarial con un porcentaje aproximado de 10.8%.

Para el Estado de Tlaxcala 26 empresas están inscritas al Reniecyt mientras que para Guanajuato y Querétaro 287 y 155 respectivamente. Cabe destacar que para los tres Estados no se cuenta con información de las empresas inscritas al Reniecyt a fines a la industria automotriz, solo se muestra datos del total de empresas por Estado.

4.1.3 Posgrados del programa nacional de posgrados de calidad (PNPC)

El PNPC es el conjunto de programas de posgrado (doctorado, maestría, especialidad) reconocidos por su calidad, a través de un proceso riguroso de evaluación por pares académicos con base a estándares internacionales, por el Consejo Nacional de Ciencia y Tecnología de México, Conacyt (2015).

Los posgrados que pertenecen al PNPC mantienen alianzas estratégicas efectivas en investigación y desarrollo, así como en formación de capital humano para sector de autopartes. En la gráfica 10 se Muestra los Posgrados Pertenecientes al PNPC de los Estados de Tlaxcala, Guanajuato y Querétaro.

Gráfica 10. Posgrados pertenecientes al PNPC

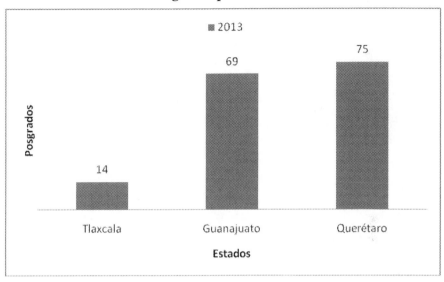

Fuente: Elaboración Propia con datos de Diagnósticos Estatales de Ciencia, Tecnología e Innovación 2014.

Tlaxcala cuenta con 14 posgrados dentro del PNPC en 2015, concentrados en su mayoría en la Universidad Autónoma de Tlaxcala.

Del total de programas 4 son de doctorado, uno de especialidad y 9 de maestría. Además 3 de éstos son de carácter consolidado, 7 se encuentran en desarrollo y 4 son de reciente creación.

Tlaxcala no cuenta con programas de competencia internacional. En la gráfica 11 se muestra el número de posgrados de PNPC por nivel y grado de Tlaxcala.

Gráfica 11. Posgrados de PNPC por nivel y grado en Tlaxcala

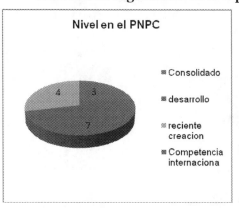
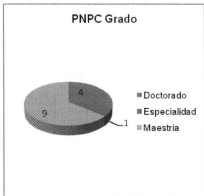

Fuente: Elaboración propia con datos de Conacyt 2012.

Querétaro cuenta con 75 posgrados del PNPC en 2015, concentrados en su mayoría en la Universidad Autónoma de Querétaro.

Del total de programas 17 corresponden a doctorado, 15 a especialidad y 43 a maestría. Además 9 de los programas son de carácter consolidado, 28 se encuentran en desarrollo y 34 son de reciente creación, y cuenta con 4 programas de competencia internacional.

En la gráfica 12 se observa los posgrados del Estado de Querétaro pertenecientes al PNPC por nivel y grado.

Gráfica 12. Posgrados de PNPC por nivel y grado en Querétaro

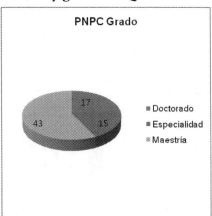

Fuente: Elaboración propia con datos de Conacyt 2012.

Finalmente se encuentra que la entidad de Guanajuato cuenta con 69 programas pertenecientes al PNPC en 2015, concentrados en su mayoría en la Universidad de Guanajuato.

Del total de programas 23 son de doctorado, 7 de especialidad y 39 de maestría. Además, 18 de los programas son de carácter consolidado, 22 en desarrollo, 17 son de reciente creación y la entidad cuenta con 12 programas de competencia internacional.

En la gráfica 13 se muestra los posgrados pertenecientes al PNPC en la entidad de Guanajuato por nivel y grado.

Gráfica 13. Posgrados de PNPC por nivel y grado en Guanajuato

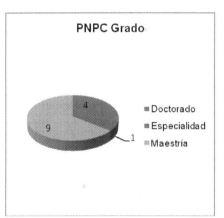

Fuente: Elaboración propia con datos de Conacyt 2012.

Tlaxcala cuenta con 2 programas que pertenecen PNPC en el área de ingeniería, mientras que para las entidades de Guanajuato y Querétaro cuentan con 19 y 28 respectivamente.

4.1.4 Propiedad intelectual

Una patente es un derecho de propiedad intelectual conferido por el Gobierno de un país que otorga los derechos exclusivos de explotación, uso, venta, producción, transferencia o licenciamiento de una invención en un territorio específico y por un periodo de tiempo de aproximadamente 20 años. Debido a que el contenido de las patentes es de carácter tecnológico, se asocian directamente al potencial innovador de una economía. Las bases de datos de patentes están disponibles de manera gratuita y en ellas reside uno de los mayores acervos de información de tipo tecnológico a nivel mundial. Para ser otorgada, una patente debe cumplir con tres requisitos: novedad, altura inventiva y aplicación industrial.

Aprovechar estas alternativas de protección de Propiedad Industrial confiere a la industria automotriz la capacidad potencial para enfrentar el dinámico y competitivo mercado y permite el desarrollo tecnológico, como motores, suspensiones, sistemas de inyección electrónica, entre otros, que están respaldados y protegidos a través de patentes.

En la gráfica 14 se describe la evolución de las solicitudes y patentes otorgadas a residentes de los Estados de Tlaxcala, Querétaro y Guanajuato en el periodo 2004-2012.

Gráfica 14. Solicitudes de patentes de residentes

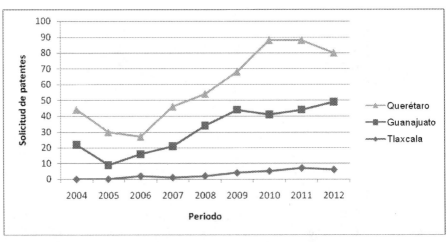

Fuente: Elaboración Propia. Con datos de Diagnósticos Estatales de Ciencia, Tecnología e Innovación 2014.

Las solicitudes de patentes para Tlaxcala se observa un crecimiento sostenido a partir de 2006 y continuando hasta 2012, con un promedio de 3 solicitudes por año. En lo relacionado con el número de solicitudes por millón de habitantes, Tlaxcala se encuentra en todo el periodo por debajo del promedio nacional. En 2012, la entidad registro 4.9 solicitudes por millón de habitantes, valor por debajo del nacional.

Para la entidad de Querétaro se observa un crecimiento variable con un promedio de 27 solicitudes por año. En lo relacionado con el número de solicitudes por millón de habitantes, Querétaro se encuentra en todo el periodo por encima del promedio nacional. En 2012, la entidad registro 16.2 solicitudes por millón de habitantes, valor por encima del nacional.

Para el Estado de Guanajuato tiene un crecimiento sostenido desde 2005 a 2012, con un promedio de 28 solicitudes por año. En lo relacionado con el número de solicitudes por millón de habitantes, Guanajuato se encuentra en todo el periodo por debajo del promedio nacional, excepto en 2009. En 2012, la entidad registró 7.6 solicitudes por millón de habitantes.

Cabe destacar que para los tres Estados no se cuenta con información de patentes solicitadas por la industria automotriz, solo se muestra datos del total de patentes.

4.1.5 Patentes otorgadas

En relación con la concesión de documentos de patente en Tlaxcala se registraron 2 patentes otorgadas acumuladas a lo largo del periodo analizado. En 2012, el número de patentes otorgadas solo es de 2 patentes, valor inferior al promedio nacional.

El número de patentes por millón de habitantes en la entidad para ese año es de 1.6, mientras que el valor a nivel nacional es de 2.4. En la gráfica 15 se muestra las patentes otorgadas a las entidades de Tlaxcala, Guanajuato y Querétaro.

Gráfica 15. Patentes otorgadas

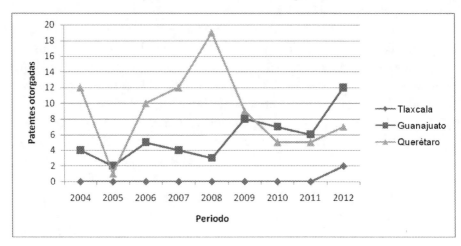

Fuente: Elaboración Propia. Con datos de Diagnósticos Estatales de Ciencia, Tecnología e Innovación 2014.

Para Querétaro se registraron 80 patentes otorgadas acumuladas a lo largo del periodo analizado. En 2012, en número de patentes otorgadas alcanzo 7, valor inferior al promedio nacional. El número de patentes por millón de habitantes es la entidad para ese año es de 0.6.

En Guanajuato se registraron 51 patentes otorgadas acumuladas a lo largo del periodo analizado. En 2012, el número de patentes otorgadas alcanzó 12, valor que sobrepasa al promedio nacional de 11 patentes concedidas. El número de patentes otorgadas por millón de habitantes en la entidad para ese año es de 2.1.

Cabe destacar que para los tres Estados no se cuenta con información de patentes otorgadas para la industria automotriz, solo se muestra datos del total de patentes por Estado.

4.1.6 Producción científica

La productividad de un investigador, en términos de las aportaciones que tiene al stock de conocimiento científico, se puede evaluar a través del número de artículos indizados que produce.

De la misma forma se puede identificar la relevancia de estas aportaciones por medio del número de veces que han sido citadas, entendiendo que cada cita significa la cantidad de veces que ha sido utilizada para construir nuevo conocimiento científico o tecnológico. El factor de impacto de la producción científica por su parte representa el promedio de citas que ha obtenido un artículo publicado en un periodo de tiempo determinado. En la gráfica 16 analiza la producción científica de los Estados de Tlaxcala, Querétaro y Guanajuato presentada en tres periodos que abarcan de 1997 a 2011.

Gráfica 16. Producción Científica

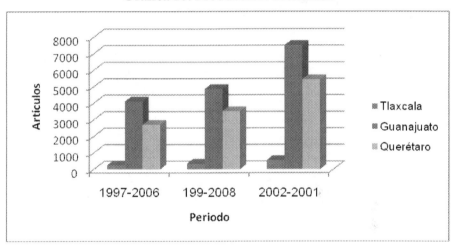

Fuente: Elaboración Propia. Con datos de Diagnósticos Estatales de Ciencia, Tecnología e Innovación 2014.

En la gráfica 16 se analiza la producción científica de Tlaxcala presentada en tres periodos que abarcan de 1997 a 2011. En el primer periodo revisado (1997-2006) el número de artículos identificados fue de 241; para el periodo 2002-2011 el número de artículos se multiplicó 2.3 veces, alcanzado los 566.

En Querétaro la producción científica presentada en tres periodos que abarcan de 1997 a 2011. En el primer periodo revisado (1997-2006) el número de artículos identificados fue de 2699; para el periodo 2002-2011 el número de artículos se multiplico 8.5 veces, alcanzando los 23,171.

Para Guanajuato la producción científica presentada en tres periodos que abarcan de 1997 a 2011. En el primer periodo revisado (1997-2006) el número de artículos identificados fue de 4103; para el periodo 2002-2011 el número de artículos se multiplico 8.2 veces, alcanzando los 34,051.

4.1.7 Productividad científica de los investigadores del SNI

La publicación de artículos científicos es un indicador de importancia para la caracterización de las actividades científicas de las entidades federativas. A este respecto, el número de documentos publicados por investigador en un periodo de tiempo dado se considera una medida adecuada de la productividad científica.

De acuerdo con este indicador una entidad que presente un mayor número promedio de artículos por investigador se considera más productiva, y por lo tanto generadora de una mayor cantidad de conocimientos científicos.

Como se muestra en la gráfica 17 se realiza un seguimiento y medición de la producción científica de los investigadores pertenecientes al SNI y una caracterización de su productividad científica por entidad federativa en el periodo 2003-2011.

Gráfica 17. Productividad científica de los investigadores

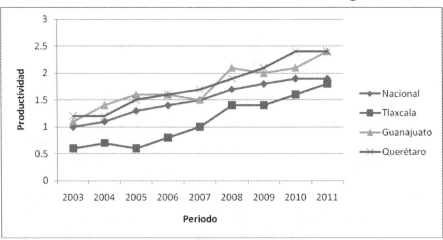

Fuente: Elaboración Propia. Con datos de Diagnósticos Estatales de Ciencia, Tecnología e Innovación 2014.

A este respecto se encuentra que el número promedio de artículos publicados por investigador del SNI en Tlaxcala ha mostrado un incremento significativo, al pasar en términos absolutos de 0.6 a 1.8 artículos científicos por investigador en el periodo 2003-2011. Además de lo anterior destaca que la productividad de los investigadores del SNI de la entidad se ha posicionado por debajo del promedio nacional a lo largo de todo periodo de referencia. Asimismo se encuentra que la productividad de dichos investigadores ha crecido a una tasa promedio anual de 14.0%, superando la nacional de 8.5%.

Querétaro se encuentra que el número promedio de artículos publicados por investigador del SNI en Querétaro ha mostrado un incremento significativo, al pasar en términos absolutos de 1.2 a 2.4 artículos científicos por investigador en el periodo 2003-2011. Además de lo anterior destaca que la productividad de los investigadores del SNI de la entidad se ha posicionado por encima del promedio nacional a lo largo de todo periodo de referencia. Asimismo, se encuentra también que la productividad de dichos investigadores ha crecido a una tasa promedio anual de 8.6%.

Para Guanajuato el número promedio de artículos publicados por investigador del SNI del Estado de Guanajuato ha mostrado un incremento significativo, pasando de 1.07 en 2003 a 2.36 artículos científicos por investigador en 2011. La productividad de los investigadores del SNI de la entidad ha presentado un desempeño destacado al posicionarse por encima de la productividad científica nacional a lo largo de todo el periodo 2003-2011. Además se encuentra que la productividad científica de los investigadores del SNI de la entidad ha crecido a una tasa promedio anual de 10.4%.

4.1.8 Presupuesto estatal para ciencia, tecnología e innovación (CTI).

El gobierno, a través del Consejo Nacional de Ciencia y Tecnología (CONACYT), tiene la función de proporcionar los recursos monetarios a las entidades federativas para lograr un desarrollo en los Estados que posibilite el fomento de la ciencia, la tecnología y la innovación.

De acuerdo con información recopilada en los acuerdos de presupuesto de egresos estatales como se observa en la figura 29, se identifica que para el Estado de Tlaxcala no reporta el presupuesto destinado a la ciencia tecnología e innovación (CTI).

Mientras que para el Estado de Guanajuato su presupuesto estatal para CTI ha tenido una disminución considerable ya que para el año 2009 registró un presupuesto de $73.3 millones de pesos y para el año tiene 2013 tiene un recorte de presupuesto que registra $53.2 millones de pesos. En la gráfica 18 se muestra el presupuesto estatal para ciencia, tecnología e innovación para las entidades de Tlaxcala, Querétaro y Guanajuato.

Gráfica 18. Presupuesto Estatal para Ciencia, Tecnología e Innovación

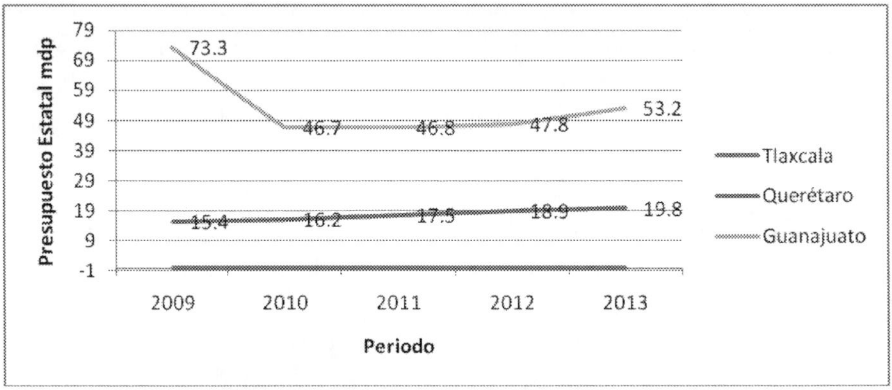

Fuente: Elaboración Propia. Con datos de Diagnósticos Estatales de Ciencia, Tecnología e Innovación 2014.

El Estado de Querétaro su presupuesto estatal para CTI ha tenido un crecimiento significativo ya que para el año 2009 registró un presupuesto de $15.4 millones de pesos y para el año tiene 2013 registra un incremento a $19.8 millones de pesos.

4.1.9 Proyectos del programas de estímulos a la innovación (PEI)

Entre los distintos instrumentos públicos de apoyo a la CTI que administra el CONACYT, se encuentran los FOMIX, Becas, Investigadores del SNI, Fondos Sectoriales, Institucionales, de Cooperación Internacional, Estímulos a la Innovación, entre otros.

Del total de proyectos aprobados y apoyados por el PEI para la entidad de Tlaxcala se destaca que durante el periodo dichos recursos (privados y públicos) han aumentado en poco más de 12% promedio anual, en gran medida por los esfuerzos de la Universidad Politécnica de Tlaxcala y el Gobierno del Estado; por otra parte, la inversión promedio por proyecto durante el periodo es de poco más de 8 mdp, similar a la tasa nacional promedio.

Cabe señalar también que para el Estado de Tlaxcala dichos proyectos se han dirigido mayoritariamente a la industria química, de plásticos y automotriz. Dichos sectores o áreas industriales concentran 84% del total de proyectos aprobados apoyados durante todo el periodo, las industrias agroindustrial y petroquímica sólo registraron un proyecto cada una; en conjunto representan 8% del total de proyectos.

Para la entidad de Querétaro los proyectos se han dirigido mayoritariamente a la industria aeroespacial, biotecnología, energía, automotriz, maquinaria industrial y agroindustrial. Dichos sectores o áreas industriales concentran 56.12% del total de proyectos aprobados apoyados durante todo el periodo; las industrias de construcción, impresión, instrumentación electromédica, metalurgia, servicios y una no especificada sólo registraron un proyecto cada una, lo que en conjunto representa 0.61% del total de proyectos.

El Estado de Guanajuato los proyectos se han dirigido mayoritariamente a la industria de alimentos con 23 apoyos, el de cuero y calzado con 16 apoyos, el automotriz con 15 apoyos entre otros. Dichos sectores o áreas industriales concentran el 40% del total de proyectos aprobados durante todo el periodo. En la gráfica 19 se muestra los proyectos del PEI aprobados en las entidades de Tlaxcala, Querétaro y Guanajuato.

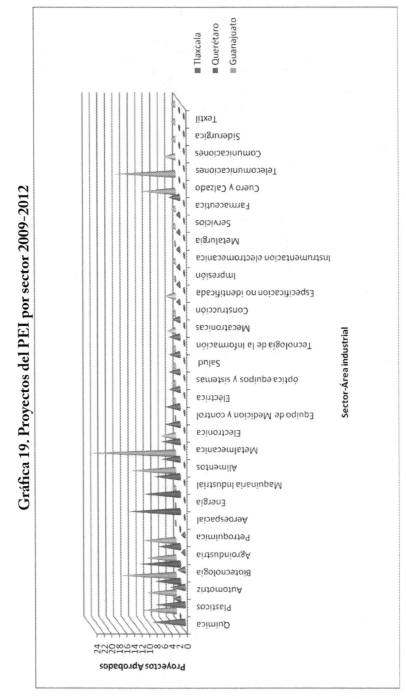

Gráfica 19. Proyectos del PEI por sector 2009-2012

Fuente: Elaboración Propia. Con datos de Diagnósticos Estatales de Ciencia, Tecnología e Innovación 2014.

4.1.10 Ranking de la ciencia, tecnología e innovación.

En este apartado se detallan los resultados obtenidos en el Ranking Nacional de CTI 2013 como se muestra en la Tabla 10 para el Estado de Tlaxcala, Querétaro y Guanajuato. El Ranking Nacional de CTI 2013 es un indicador calculado por el FCCyT en 2013, el cual muestra las características de cada entidad federativa en materia de CTI. Asimismo, posiciona a las entidades por sus capacidades científicas, tecnológicas y de innovación y sus vocaciones. El indicador se construye con diez dimensiones.

Las diez dimensiones que mide el ranking de CTI se muestra a continuación:

- D1. Infraestructura académica y de investigación
- D2. Formación de recursos humanos
- D3. Personal docente y de investigación
- D4. Inversión en CTI
- D5. Productividad científica e innovadora
- D6. Infraestructura empresarial
- D7. Tecnologías de la información y comunicaciones
- D8. Componente institucional
- D9. Género en la CTI
- D10. Entorno económico y social

Tlaxcala se ubica en la posición número 27 del Ranking de CTI 2013 respecto del total de entidades del país. Se destaca que Tlaxcala se posiciona en el lugar 11 en la dimensión Género en la CTI, y en la posición 15 en la D1 Infraestructura académica y de investigación.

La entidad de Guanajuato se ubica en la posición número 20 del Ranking de CTI 2013 respecto del total de entidades del país, sobresale en las dimensiones D6 Infraestructura empresarial en la posición 8, D5 Productividad científica e innovadora en la posición 7 entre el total de entidades del país.

Tabla 10. Ranking de Ciencia y Tecnología

Dimensión	Tlaxcala	Querétaro	Guanajuato
D1. Infraestructura académica y de investigación	15	5	14
D2. Formación de recursos humanos	26	13	27
D3. Personal docente y de investigación	20	2	14
D4. Inversión en CTI	25	2	16
D5. Productividad científica e innovadora	26	4	7
D6. Infraestructura empresarial	15	4	8
D7. Tecnologías de la información y comunicaciones	27	15	21
D8. Componente institucional	32	29	11
D9. Género en la CTI	11	17	29
D10. Entorno económico y social	26	6	15

Fuente: Elaboración Propia. Con datos de Diagnósticos Estatales de Ciencia, Tecnología e Innovación 2014.

El Estado de Querétaro se ubica en la posición número 3 del Ranking Nacional de CTI 2013 respecto del total de entidades del país, cabe señalar que la entidad destaca por posicionarse en el segundo lugar en la D3 Personal docente y de investigación y D4 Inversión en CTI ocupando el segundo lugar a nivel nacional.

4.2 Recursos humanos

A continuación se describe las variables que forman parte de recurso humanos que permite realizar una comparativa entre los Estados de Tlaxcala, Querétaro y Guanajuato.

4.2.1 Formación de recursos humanos de licenciatura y posgrado

El capital humano altamente calificado se ha convertido en un insumo indispensable de las organizaciones y establecimientos productivos. Tales recursos participan activamente no sólo en la aplicación, sino también en la generación de nuevos conocimientos científicos, que ayudan a alcanzar la eficiencia productiva de las organizaciones.

En este sentido la formación de capital humano afín a la industria automotriz se puede considerar como parte indispensable para incrementar la competitividad y alcanzar la eficiencia económica de las industrias en este sector. En la gráfica 20 se muestra la matrícula y cobertura de Licenciatura Universitaria y Tecnológica en los Estados de Tlaxcala, Guanajuato y Querétaro.

Gráfica 20. Matrícula y cobertura de LUT

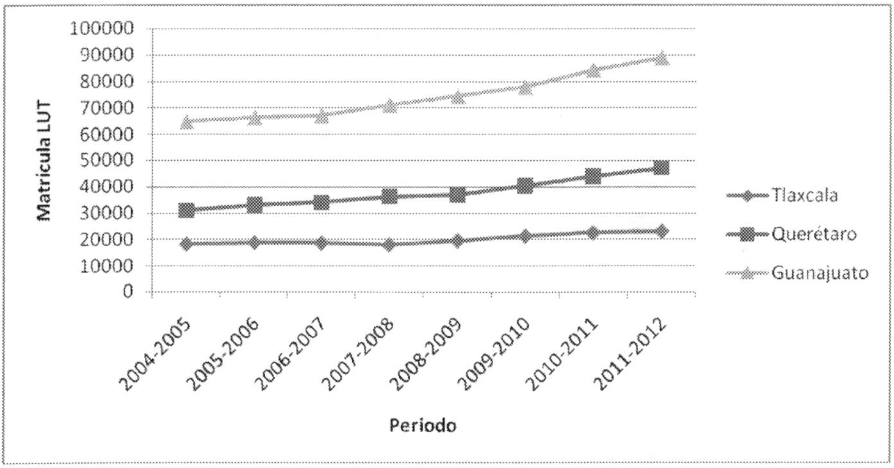

Fuente: Elaboración Propia. Con datos de Diagnósticos Estatales de Ciencia, Tecnología e Innovación 2014.

Tlaxcala registró en el ciclo escolar 2011-2012 una matrícula total de 23 mil 145 estudiantes en el nivel de licenciatura universitaria y tecnológica (LUT) que representa el 0.4% de la matrícula total nacional respectivamente. La matrícula de LUT de la entidad ha mostrado una evolución positiva a lo largo del periodo 2004-2012, creciendo a una tasa promedio anual de 3.4%.

Durante el ciclo escolar 2011-2012 el Estado de Guanajuato registró una matrícula total de 88 mil 758 estudiantes en el nivel de Licenciatura Universitaria y Tecnológica (LUT) representando el 3.2% de la matrícula total nacional. La matriculación en la entidad ha mostrado una evolución positiva a lo largo del periodo 2004-2012, ya que en el nivel de LUT ha crecido a una tasa promedio anual de 4.6%.

El Estado de Querétaro registró en el ciclo escolar 2011-2012 una matrícula total de 47 mil 141 estudiantes en el nivel de Licenciatura Universitaria y Tecnológica (LUT) que representa el 1.7% de la matrícula total nacional. La matrícula de la entidad ha mostrado una evolución positiva a lo largo del periodo 2004-2012, creciendo a tasa promedio anual de 6.2%. En la gráfica 21 se muestra la matrícula y cobertura de posgrados.

Gráfica 21. Matrícula y cobertura de posgrado

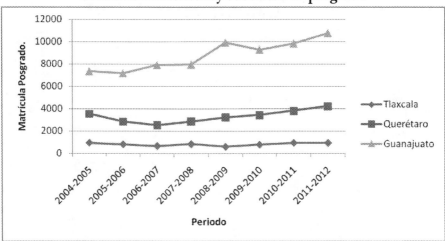

Fuente: Elaboración Propia. Con datos de Diagnósticos Estatales de Ciencia, Tecnología e Innovación 2014.

En el ciclo 2011-2012 Tlaxcala registro 947 estudiantes en el nivel de posgrado, representando el 0.4% de la matrícula total nacional. Sin embargo, en el nivel de posgrado la matrícula ha decrecido a una tasa promedio de -0.2% como se puede observar en la Figura 12 Matrícula y cobertura de posgrado.

Guanajuato capto 10 mil 752 estudiantes en el nivel de posgrado, representando el 4.7% de la matrícula total nacional. La matriculación en la entidad ha mostrado una evolución positiva a lo largo del periodo 2004-2012, ya que en el nivel de posgrado ha crecido a una tasa promedio anual de 5.6%.

El Estado de Querétaro registro en el ciclo escolar 2011-2012 4 mil 226 estudiantes en el nivel de posgrado que representa el 1.8% de la matrícula total nacional. La matrícula de la entidad ha mostrado una evolución positiva a lo largo del periodo 2004-2012, creciendo a tasa promedio anual de 2.5%, en los niveles de posgrado.

4.2.2 Matrícula de licenciatura universitaria y tecnológica (LUT) afín a ingeniería y tecnología (CyT)

La concentración de la matrícula en las entidades depende de diversos factores, entre ellos el nivel de estudios observado. En la gráfica 22 se observa la matrícula de ingeniería y tecnología que son carreras afines a la industria Automotriz de los años 2004 a 2011 en los Estados de Tlaxcala, Guanajuato y Querétaro.

En relación con licenciaturas de ingeniería y tecnología afines a la industria automotriz el Estado de Tlaxcala registra en el ciclo 2010-2011 7,866 alumnos matriculados.

Gráfica 22. Matrícula de LUT afín a CyT

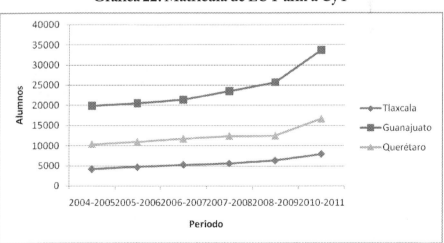

Fuente: Elaboración Propia. Con datos de Diagnósticos Estatales de Ciencia, Tecnología e Innovación 2014.

La entidad de Guanajuato capto en el ciclo escolar 2010-2011 33669 alumnos matriculados en licenciaturas de ingeniería y tecnología, lo que representa cuatro veces más que lo registrado para el Estado de Tlaxcala.

El Estado de Querétaro ha tenido un crecimiento progresivo en su matrícula de licenciatura de ingeniería y Tecnología para el ciclo escolar 2010-2011 registra 16708 casi más del doble de lo que registra la entidad de Tlaxcala.

El crecimiento de la industria automotriz en México ha generado una mayor demanda de ingenieros especializados en el país, es donde toma relevancia las carreras de ingeniería y tecnología a fines a este sector.

4.2.3 Matrícula de posgrado afín a Ingeniería y Tecnología (CyT)

En la gráfica 23 se analiza la matrícula de posgrado afín a C y T de Tlaxcala presentada en seis periodos que abarcan de 2004 a 2011. En el primer periodo revisado (2004-2005) el número de matriculados identificados fue de 123; para el periodo 2010-2011 el número de egresados de posgrado afín a C y T disminuyó a 99.

Gráfica 23. Matricula de Posgrado afín a Ciencia y Tecnología

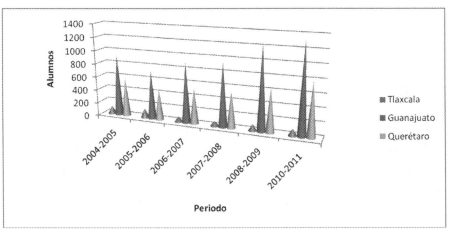

Fuente: Elaboración Propia. Con datos de Diagnósticos Estatales de Ciencia, Tecnología e Innovación 2014.

El Estado de Guanajuato la matrícula de posgrado afín a C y T se presenta en seis periodos que abarcan de 2004 a 2011. En el primer periodo revisado (2004-2005) el número de matriculados identificados fue de 929; para el periodo 2010-2011 el número de egresados de posgrado afín a C y T aumentó a 1,340.

Para Querétaro en el nivel de posgrado también se observa una tendencia creciente de la matrícula, Por ejemplo, en el ciclo escolar (2004-2005) el número de matriculados fue de 578; para el periodo 2010-2011 la cobertura estatal de posgrado alcanzó 791 egresados.

La importancia de los posgrados afines a la industria automotriz tiene por objeto formar profesionales que sean capaces de organizar, implementar, conducir y evaluar sistemas productivos en la industria automotriz coordinando técnicas, recursos humanos, materiales, equipos e instalaciones necesarios para satisfacer necesidades sociotécnicas en ese rubro.

4.2.4 Investigadores del Sistema Nacional de Investigación (SNI)

La formación de científicos y la generación de cuadros técnicos de alto nivel es uno de los detonantes de mayor valor agregado a los productos y servicios producidos en una economía. En la medida que una economía se mantenga a la vanguardia en la generación y aplicación de conocimiento científico y tecnológico, se generará un mayor impacto en la competitividad (CONACYT, 2006).

La formación de investigadores en la industria automotriz desarrolla recursos humanos de alto nivel con estándares de alta calidad en el sector autopartes que permite conformar equipos de trabajo en la investigación y facilita al mismo tiempo el avance del conocimiento.

En la gráfica 24 se muestra los investigadores del SNI de los Estados de Tlaxcala, Guanajuato y Querétaro. El SNI está clasificado por distinciones que involucran: Candidato a Investigador Nacional e Investigador Nacional (con tres niveles).

Las mencionadas distinciones se obtienen según la calidad de la producción científica de los investigadores, así como por la formación de nuevos investigadores y la aportación al fortalecimiento de la investigación científica o tecnológica del país en su línea de investigación (Reglamento vigente del SNI, 2013).

Gráfica 24. Investigadores del SNI

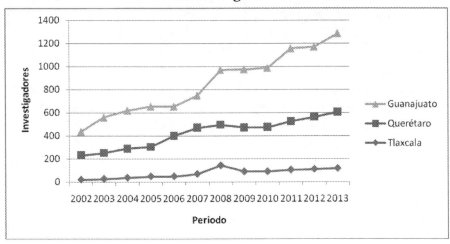

Fuente: Elaboración Propia. Conacyt; Actividad del Conacyt por entidad federativa (2013-2002).

En Tlaxcala se cuenta actualmente con 116 investigadores pertenecientes al SNI, los cuales representan 0.61% del total nacional en 2013. En ese mismo año se identifican 92.5 investigadores del SNI por cada millón de habitantes en la entidad.

Querétaro cuenta con 490 investigadores pertenecientes al SNI, los cuales representan 2.6% del total nacional en 2013. En ese mismo año se identifican 250 investigadores del SNI por cada millón de habitantes en la entidad.

En 2013 se identificó a 681 investigadores inscritos al sistema en Guanajuato; este número representa 3.6% de la población nacional de investigadores en el SNI en dicho año. Por otro lado, en esta entidad existen 119 investigadores registrados en el SNI por cada millón de habitantes.

De acuerdo a cifras del Conacyt, Querétaro tiene una focalización relevante en las áreas del SNI en Ingenierías afines a la Industria automotriz, para el año 2013 cuenta con 161 Investigadores en esta área.

Por el contrario para el Estado de Tlaxcala existe un desarrollo poco considerable por parte de los investigadores debido a que en el año 2013 solo cuenta con 15 investigadores en áreas afines a la industria automotriz. En la gráfica 25 se muestra los investigadores del SNI del área de Ingeniería en el Estado de Querétaro, Guanajuato y Tlaxcala.

Gráfica 25. Investigadores del SNI del área Ingeniería

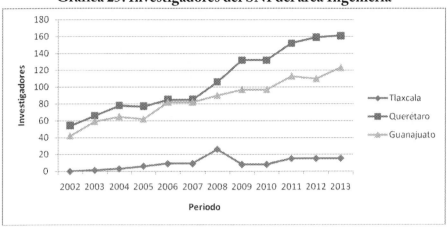

Fuente: Elaboración Propia con datos de CONACYT 2002-2013.

Guanajuato registró un crecimiento notable en cuanto a sus investigadores en el área de ingeniería debido a que en el año 2002 solo contaba con 42 investigadores y para el año 2013 tuvo un crecimiento considerable a 123 investigadores en áreas afines a la industria automotriz.

4.2.5 Número de becas del CONACYT por millón de habitantes 2002-2012

La formación de recursos humanos de alta calidad depende en gran medida de los apoyos para estudios a nivel posgrado a través de becas y financiamientos. Uno de estos programas de gran importancia a nivel nacional es el Programa de Becas para Estudios de Posgrado del CONACYT.

La industria de autopartes necesita profesionistas capaces de asumir los retos generados por la globalización y el cambio constante de la ciencia y la tecnología, por tanto la actualización de conocimientos y la especialización se convierten en algo primordial para este sector.

En la gráfica 26, se observan las becas que ha asignado CONACYT a los Estados de Tlaxcala, Querétaro y Guanajuato.

Gráfica 26. Número de becas del CONACYT por millón de habitantes

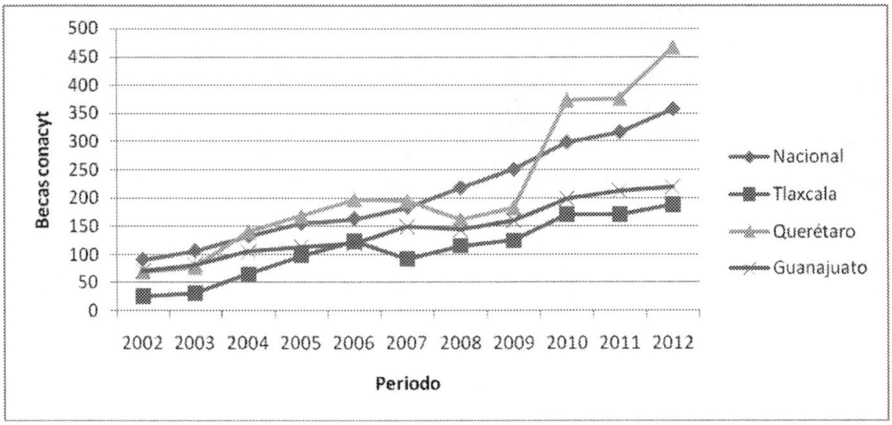

Fuente: Elaboración Propia. Con datos de Diagnósticos Estatales de Ciencia, Tecnología e Innovación 2014.

El número de becas del CONACYT asignadas en la entidad ha mostrado un crecimiento significativo durante el periodo 2002-2012. En términos absolutos ha pasado de 27 en 2002 a 231 en 2012, con una tasa de crecimiento anual de 23.9%. Aunque Tlaxcala ha mantenido un desempeño creciente de la tasa de becas por millón de habitantes se ha mantenido por debajo del promedio nacional durante todo el periodo de referencia. Por ejemplo, en 2012 la entidad alcanzó una tasa de 189 becas por millón de habitantes.

Para la entidad de Querétaro el número de becas del CONACYT ha pasado de 112 en 2002 a 893 en 2012 con una tasa de crecimiento anual de 23.07%. Además Querétaro ha mantenido un desempeño creciente en la tasa de becas por millón de habitantes: en 2012 ésta fue de 467.

El Estado de Guanajuato el número de becas del CONACYT de la entidad ha pasado de 370 en 2002 a 1 mil 243 en 2012, con una tasa de crecimiento promedio anual de 12.9%. Además, Guanajuato ha mantenido a lo largo de todo el periodo una tasa de becas por millón de habitantes por debajo de la media nacional; por ejemplo, en 2012 la entidad alcanzó la tasa de 219 becas.

Finalmente, en las figuras 2, 3 y 4 se muestra un resumen del sistema estatal de ciencia y tecnología de los Estados de Tlaxcala, Guanajuato y Querétaro, respectivamente.

Figura 2. Resumen del sistema estatal de ciencia y tecnología de Tlaxcala

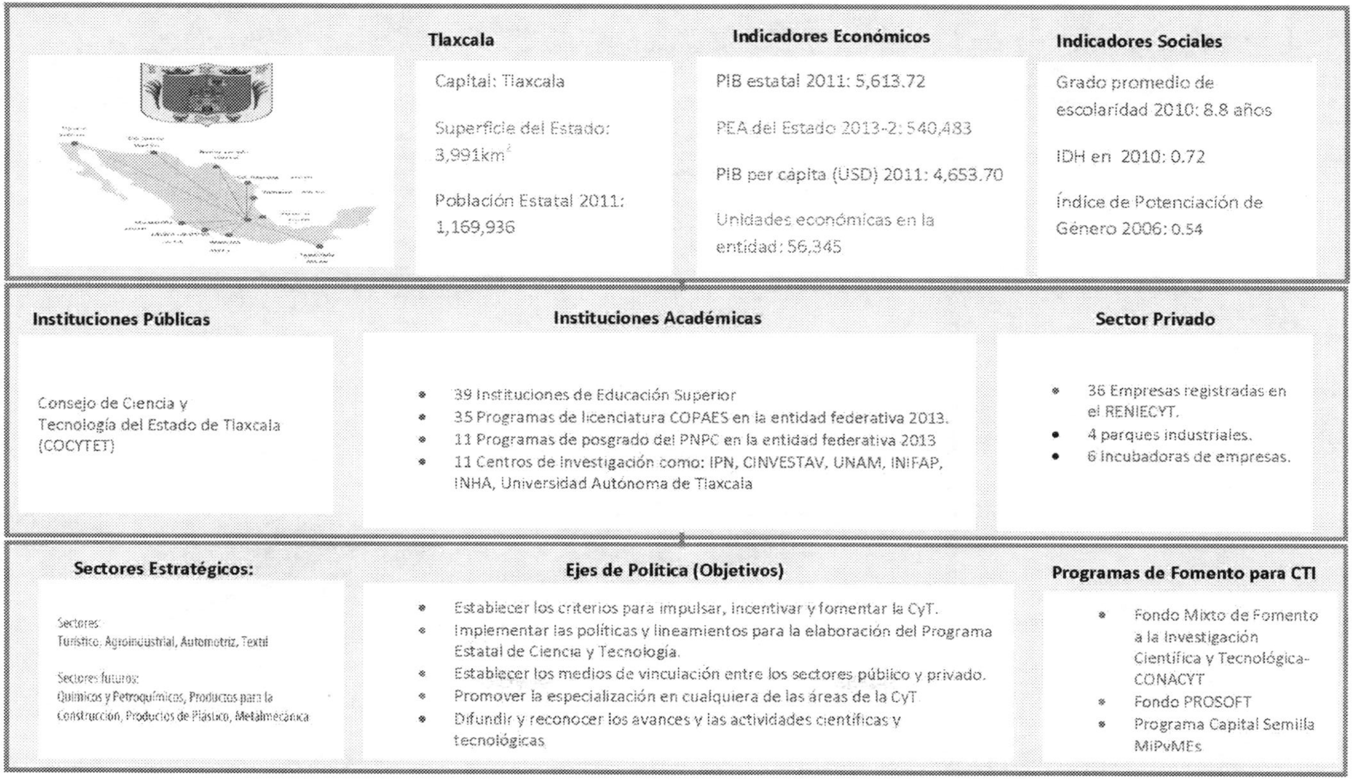

Tlaxcala

Capital: Tlaxcala

Superficie del Estado: 3,991 km²

Población Estatal 2011: 1,169,936

Indicadores Económicos

PIB estatal 2011: 5,613.72

PEA del Estado 2013-2: 540,483

PIB per cápita (USD) 2011: 4,653.70

Unidades económicas en la entidad: 56,345

Indicadores Sociales

Grado promedio de escolaridad 2010: 8.8 años

IDH en 2010: 0.72

Índice de Potenciación de Género 2006: 0.54

Instituciones Públicas

Consejo de Ciencia y Tecnología del Estado de Tlaxcala (COCYTET)

Instituciones Académicas

* 39 Instituciones de Educación Superior
* 35 Programas de licenciatura COPAES en la entidad federativa 2013.
* 11 Programas de posgrado del PNPC en la entidad federativa 2013
* 11 Centros de investigación como: IPN, CINVESTAV, UNAM, INIFAP, INHA, Universidad Autónoma de Tlaxcala

Sector Privado

* 35 Empresas registradas en el RENIECYT.
* 4 parques industriales.
* 6 incubadoras de empresas.

Sectores Estratégicos:

Sectores:
Turístico, Agroindustrial, Automotriz, Textil

Sectores futuros:
Químicos y Petroquímicos, Productos para la construcción, Productos de Plástico, Metalmecánica

Ejes de Política (Objetivos)

* Establecer los criterios para impulsar, incentivar y fomentar la CyT.
* Implementar las políticas y lineamientos para la elaboración del Programa Estatal de Ciencia y Tecnología.
* Establecer los medios de vinculación entre los sectores público y privado.
* Promover la especialización en cualquiera de las áreas de la CyT
* Difundir y reconocer los avances y las actividades científicas y tecnológicas.

Programas de Fomento para CTI

* Fondo Mixto de Fomento a la Investigación Científica y Tecnológica-CONACYT
* Fondo PROSOFT
* Programa Capital Semilla MiPyMEs

Fuente: Foro Consultivo Científico y Tecnológico, Diagnósticos Estatales de Ciencia, Tecnología e Innovación, Tlaxcala, 2014.

Figura 3. Resumen del Sistema estatal de ciencia y tecnología de Querétaro

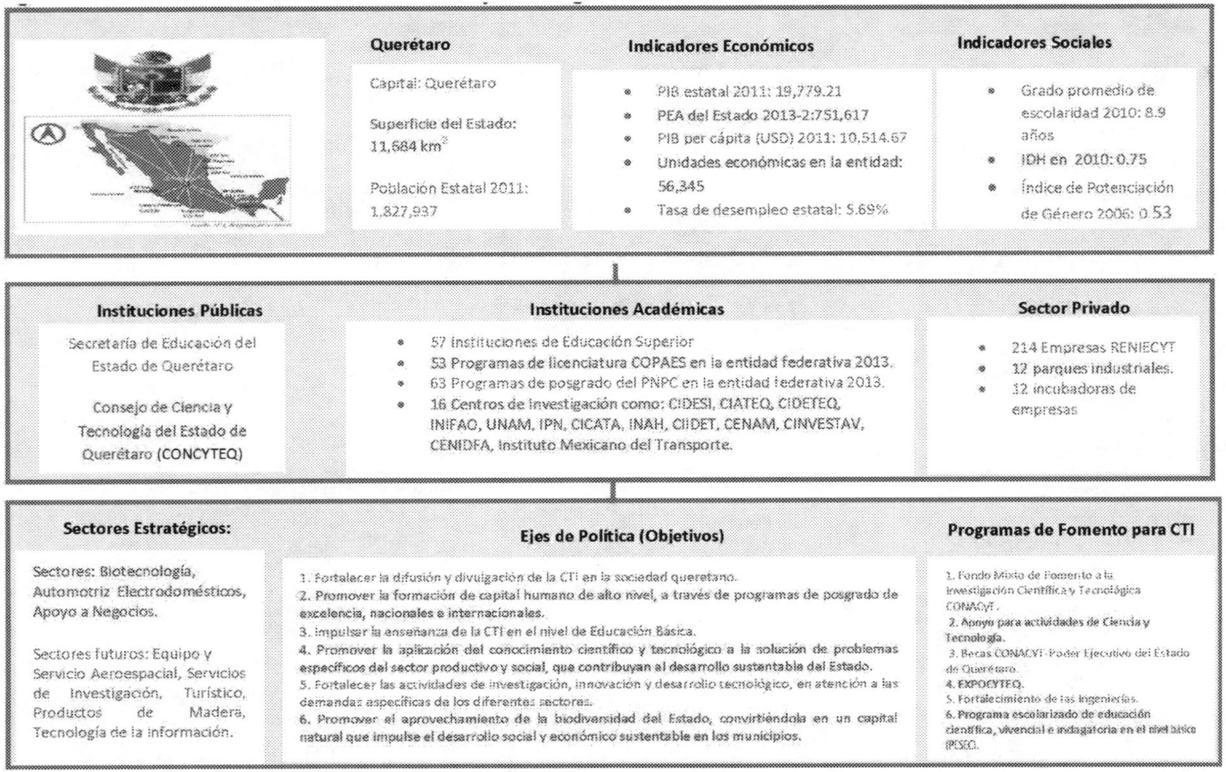

Querétaro

Capital: Querétaro

Superficie del Estado: 11,684 km²

Población Estatal 2011: 1,827,937

Indicadores Económicos

* PIB estatal 2011: 19,779.21
* PEA del Estado 2013: 2,751,617
* PIB per cápita (USD) 2011: 10,514.67
* Unidades económicas en la entidad: 56,345
* Tasa de desempleo estatal: 5.69%

Indicadores Sociales

* Grado promedio de escolaridad 2010: 8.9 años
* IDH en 2010: 0.75
* Índice de Potenciación de Género 2006: 0.53

Instituciones Públicas

Secretaría de Educación del Estado de Querétaro

Consejo de Ciencia y Tecnología del Estado de Querétaro (CONCYTEQ)

Instituciones Académicas

* 57 Instituciones de Educación Superior
* 53 Programas de licenciatura COPAES en la entidad federativa 2013.
* 63 Programas de posgrado del PNPC en la entidad federativa 2013.
* 16 Centros de Investigación como: CIDESI, CIATEQ, CIDETEQ, INIFAQ, UNAM, IPN, CICATA, INAH, CIDET, CENAM, CINVESTAV, CENIDFA, Instituto Mexicano del Transporte.

Sector Privado

* 214 Empresas RENIECYT
* 12 parques industriales.
* 12 incubadoras de empresas

Sectores Estratégicos:

Sectores: Biotecnología, Automotriz Electrodomésticos, Apoyo a Negocios.

Sectores futuros: Equipo y Servicio Aeroespacial, Servicios de Investigación, Turístico, Productos de Madera, Tecnología de la información.

Ejes de Política (Objetivos)

1. Fortalecer la difusión y divulgación de la CTI en la sociedad queretana.
2. Promover la formación de capital humano de alto nivel, a través de programas de posgrado de excelencia, nacionales e internacionales.
3. Impulsar la enseñanza de la CTI en el nivel de Educación Básica.
4. Promover la aplicación del conocimiento científico y tecnológico a la solución de problemas específicos del sector productivo y social, que contribuyan al desarrollo sustentable del Estado.
5. Fortalecer las actividades de investigación, innovación y desarrollo tecnológico, en atención a las demandas específicas de los diferentes sectores.
6. Promover el aprovechamiento de la biodiversidad del Estado, convirtiéndola en un capital natural que impulse el desarrollo social y económico sustentable en los municipios.

Programas de Fomento para CTI

1. Fondo Básico de Fomento a la Investigación Científica y Tecnológica CONACyT.
2. Apoyo para actividades de Ciencia y Tecnología.
3. Becas CONACYT Poder Ejecutivo del Estado de Querétaro.
4. EXPOCYTEQ.
5. Fortalecimiento de las ingenierías.
6. Programa escolarizado de educación científica, vivencial e indagatoria en el nivel básico (PESO).

Fuente: Foro Consultivo Científico y Tecnológico, Diagnósticos Estatales de Ciencia, Tecnología e Innovación, Querétaro, 2014.

Figura 4. Resumen del sistema estatal de ciencia y tecnología de Guanajuato

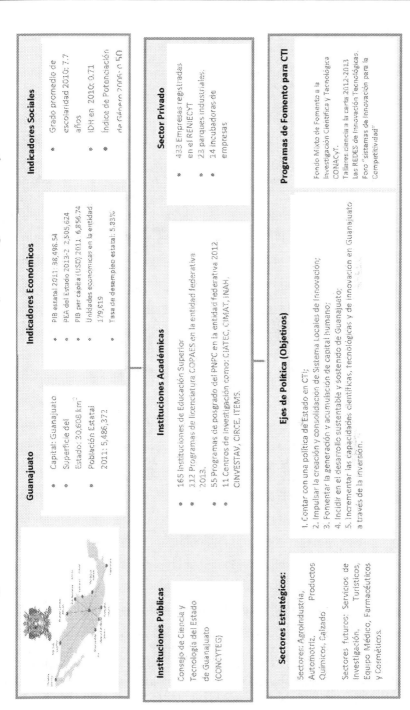

Fuente: Foro Consultivo Científico y Tecnológico, Diagnósticos Estatales de Ciencia, Tecnología e Innovación, Guanajuato, 2014.

4.3 Infraestructura

A continuación se describe las variables que forman parte de la infraestructura que permite realizar una comparativa entre los Estados de Tlaxcala, Querétaro y Guanajuato.

4.3.1 Red carretera

La red carretera es la infraestructura de transporte más utilizada para la industria de autopartes dada la flexibilidad que confiere a los movedores de carga así como su gran extensión, permitiendo los servicios de entrega puerta a puerta.

En la gráfica 27 se muestra la longitud de carretea de las entidades de Tlaxcala, Querétaro y Guanajuato.

Gráfica 27. Longitud de la red carretera por superficie de rodamiento

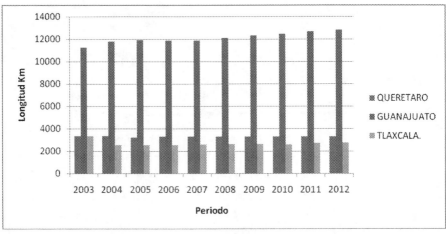

Fuente: SCT (2012).

La entidad de Tlaxcala para el año 2012 cuenta con 2,769 Km de red carretera, mientras que de acuerdo a cifras de la Secretaría de Comunicaciones y Transporte el Estado de Querétaro tiene una infraestructura de 3,295 Km de red carretera, el Estado de Guanajuato cuenta con 12,785 km de red carretera lo que le permite un mayor participación en movimiento de vehículos y autopartes. (SCT, 2015).

Esta red de carreteras comunica a todas las capitales estatales, las principales concentraciones metropolitanas, las ciudades medias, los puertos marítimos de relevancia y los accesos a los puentes fronterizos internacionales de mayor movimiento tanto con los Estados Unidos en el norte, como con Belice y Guatemala en el sur del país.

4.3.2 Ferrocarril

Los vínculos entre la industria automotriz y el ferrocarril corresponden a una relación bilateral es decir convienen para ambos, el punto de integración se sitúa en la incorporación del ferrocarril a las necesidades logísticas de la industria automotriz.

La infraestructura ferroviaria representa uno de los activos logísticos de la mayor importancia, debido a que es el elemento principal dentro de la red logística que facilita el denominado transporte intermodal, donde varios modos de transporte combinan sus ventajas para lograr una mayor eficiencia.

En la gráfica 28 se muestra la longitud de vías férreas de las entidades de Tlaxcala, Querétaro y Guanajuato.

La entidad de Tlaxcala para el año 2012 cuenta con 351.8 Km de vías férreas, mientras que de acuerdo a cifras de la Secretaría de Comunicaciones y Transporte el Estado de Querétaro tiene una infraestructura de 476.4 Km de vías férreas, Estado de Guanajuato cuenta con 1085 km de vías férreas lo que le permite un mayor participación en movimiento de vehículos y autopartes (SCT, 2015).

Gráfica 28. Longitud de vías férreas

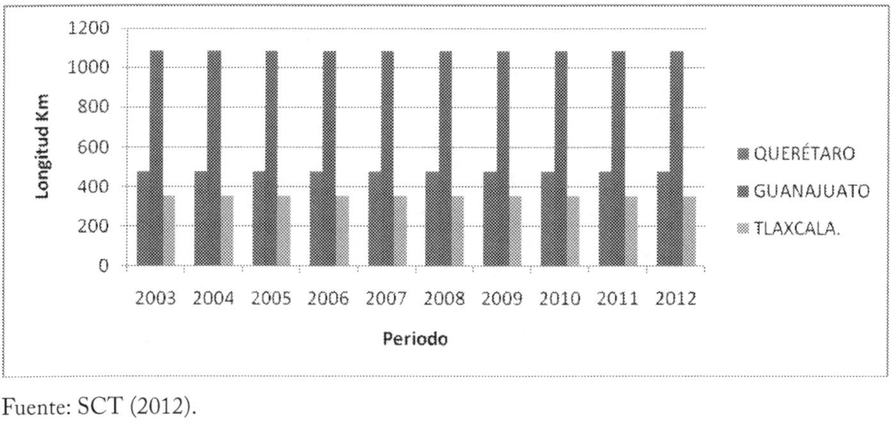

Fuente: SCT (2012).

La industria ferroviaria mueve grandes volúmenes de vehículos terminados y auto partes para ensamble o mercado de refacciones, han encontrado un fuerte aliado en el transporte ferroviario para cubrir sus necesidades de logística tanto nacional como internacional que permite el desplazamiento de vehículos compactos, medianos y grandes hacia mercados de Norteamérica y resto del mundo, a través de la red ferroviaria.

4.3.3 Puertos marítimos

Los puertos marítimos para la industria automotriz constituyen uno de sus activos logísticos estratégicos más relevantes, dada su participación en el intercambio internacional de bienes. De acuerdo con estadísticas de la Organización Mundial de Comercio (OMC, 2012) más del 80% de las mercancías que se comercializan en el mundo se mueven por vía marítima, siendo los puertos los nodos que permiten operar dicho intercambio. En la gráfica 29 se muestra las distancias a los principales puerto de la Republica Mexicana de los Estados de Tlaxcala, Querétaro y Guanajuato.

Gráfica 29. Distancia a los principales puertos de México

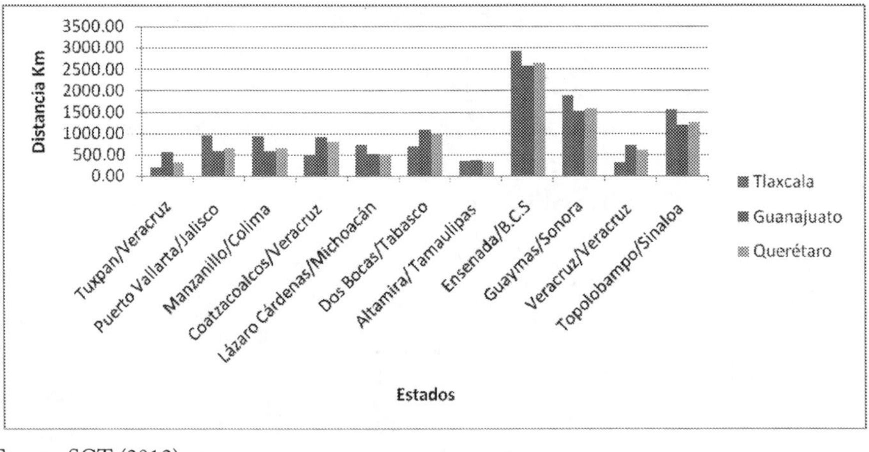

Fuente: SCT (2012).

El puerto de menor distancia para el Estado de Tlaxcala es el de Tuxpan Veracruz que se encuentra ubicado a 204 km (SCT, 2015), mientras que de acuerdo a cifras de la Secretaría de Comunicaciones y Transporte (2015) para el Estado de Guanajuato el puerto de altura a menor distancia es el de Altamira en Tamaulipas a una distancia de 324.70 Km, para la entidad de Querétaro el puerto de altura más cercano se encuentra ubicado en Altamira Tamaulipas a una distancia de 372.30 Km. (SCT, 2015).

Las ventajas de tener una conexión a los puertos de altura es ofrecer a las empresas las condiciones ideales para hacer negocios, siendo fundamental el beneficio de carácter económico, esto se logra al hacer más eficientes sus operaciones logísticas, disminuyendo sus costos y tiempos de ejecución.

4.3.4 Infraestructura aérea

El transporte aéreo es una industria innovadora que guía el progreso económico y el progreso social. Por ella se conectan personas, países y culturas. Provee acceso a los mercados globales y genera comercio y turismo. Forja lazos entre países desarrollados y naciones en desarrollo.

La industria automotriz uno de los principales factores es cumplir adecuadamente con los tiempos de entrega para sus clientes, es por ello que el transporte aéreo funge un papel importante dentro de la exportación o importación de autopartes y productos que proveen a la industria automotriz.

Con relación a la infraestructura aeroportuaria, el Estado de Tlaxcala cuenta con un aeropuerto nacional ubicado en la capital del Estado. Sin embargo, este sólo ha reportado operaciones en el año de 1994 y fueron sólo 24. En la tabla 11 se muestran las características de los aeropuerto de los Estados de Tlaxcala, Querétaro y Guanajuato.

Tabla 11. Características de los aeropuertos en el año 2012

Aeropuerto	Pista (miles de m$^{2)}$	Plataformas (miles de m^2)	Rodajes (miles de m^2)
Guanajuato	157.50	61.80	16.45
Querétaro	219.48	237.96	232.73
Tlaxcala	0	0	0

Fuente: SCT (2012).

El aeropuerto internacional del Bajío o aeropuerto internacional de Guanajuato es un aeropuerto internacional localizado en el municipio de

Silao. Maneja el tráfico aéreo nacional e internacional del área que incluye la Zona Metropolitana de León, así como de las ciudades de Irapuato, Salamanca y a la capital del Estado, Guanajuato.

El aeropuerto intercontinental de Querétaro (Código IATA: QRO - Código OACI: MMQT - Código DGAC: QRO), está localizado en los municipios de Colón y El Marqués. Maneja el tráfico aéreo de la zona metropolitana de Querétaro (ZMQ) y es parte del Sistema Metropolitano de aeropuertos. En el año 2012 tuvo un movimiento de 226,908 pasajeros, sin embargo para el año 2013 tuvo un incremento de 38.16 % en el movimiento de pasajeros llegando a mover 313,509 pasajeros.

4.3.5 Líneas telefónicas

Las telecomunicaciones es uno de los sectores más importantes para cualquier país, ya que contribuye al desarrollo económico, social, y mejora la calidad de vida de la población del mundo.

La infraestructura telefónica es la columna vertebral de las telecomunicaciones, las empresas necesitan de ella para enfrenta el reto de tener una información fluida con mayor rapidez entres sus proveedores y clientes para agilizar las relaciones entre ellos. En la gráfica 30 se muestra el número de suscriptores de telefonía fija de los Estados de Guanajuato, Querétaro y Tlaxcala.

Gráfica 30. Número de suscriptores del servicio de telefonía fija

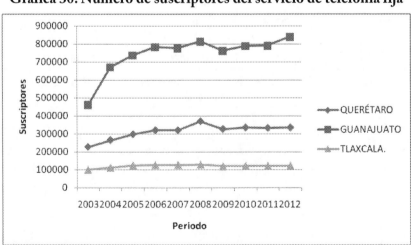

Fuente: SCT (2012).

En relación con líneas telefónicas el Estado de Tlaxcala registra en el año 2012 121,641 suscriptores de telefonía fija. La entidad de Guanajuato capto en el año 2012, 839,527 suscriptores de telefonía fija, lo que representa 6.9 veces más que lo registrado para el Estado de Tlaxcala. El Estado de Querétaro ha tenido un crecimiento progresivo en sus suscriptores de telefonía fija para el año 2012 registra 334,479 lo que representa 2.7 veces más que lo registrado para el Estado de Tlaxcala.

4.3.6 Infraestructura en parques industriales

La formación de parques industriales sirve a las empresas para compartir recursos como información, materiales, agua, energía, infraestructura, etcétera. Adicionalmente, un parque industrial mejora los beneficios económicos de las empresas, ya que fomenta una rápida industrialización en una economía, atrae inversiones, aumenta la productividad y promueve la creación de empleos mediante la capitalización de la fuerza de trabajo de una región en particular. En el gráfico 31 se muestra los parques industriales de las entidades de Tlaxcala, Querétaro y Guanajuato.

Gráfica 31. Parques industriales

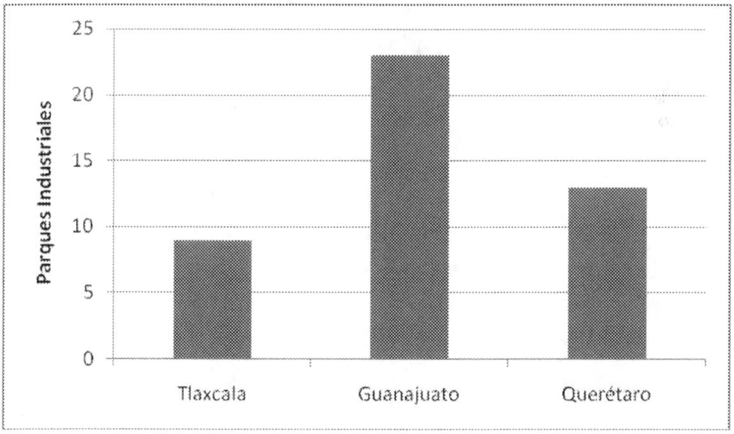

Fuente: Diagnóstico de Ciencia, Tecnología en Innovación, 2010.

El Estado de Tlaxcala cuenta con 9 parques industriales, sin embargo, únicamente se encontró información de seis parques industriales. En total estos parques agrupan 79 empresas establecidas, de las cuales 35% son empresas pequeñas, 32% empresas medianas, 25% son empresas grandes y el 8% restante son micro empresas.

Con base en datos de la Secretaría de Economía (SE, 2015), en el Estado de Guanajuato se cuenta con 23 parques industriales registrados en el Sistema Mexicano de Promoción de Parques Industriales (SIMPPI), lo que representa 4% del total de parques industriales registrados en este sistema; estos parques cuentan con 240 empresas establecidas y han generado 16,207 empleos.

Con base en datos de la Secretaría de Economía (SE, 2015), en el Estado de Querétaro se cuenta con 13 parques industriales registrados en el Sistema Mexicano de Promoción de Parques Industriales (SIMPPI). Dichos parques tienen establecidas 566 empresas nacionales y extranjeras; han generado 6,188 empleos.

En el rubro de infraestructura se observan ventajas relativas de los estados de Guanajuato con Querétaro, sin embargo a excepción de los parques industriales los demás factores de infraestructura no tienen un diferencia significativa entre los Estados y Tlaxcala.

El argumento se basa en establecer que respecto de carreteras, vías férreas, aeropuertos, puertos marítimos y líneas telefónicas, no se observan brechas significativas considerando la proporción del estado y su ubicación, esto no ocurre en el rubro de parques industriales, que por su importancia puede ser un factor crítico para el desarrollo de una masa crítica de empresas, el desarrollo de polos económicos y la consolidación de clusters de autopartes. En este sentido, vale la pena comentar que en el caso de Querétaro y Guanajuato los partes industriales y en consecuencia los polos de desarrollo se establecen muy cerca de las plantas armadoras, en el caso de Tlaxcala no ocurre así, los nuevos desarrollos de parques industriales, se ubican en el oriente y poniente del estado, están orientados a mercados potenciales y no se ubican en el centro sur, en la denominada zona metropolitana Puebla-Tlaxcala, muy cerca de la empresas Volkswagen que es donde se desarrolla el clúster automotriz y se ubican el 60% de las empresas de autopartes de Puebla. Esto hace evidente, la falta de parques industriales especializados cerca del clúster más importante de nuestro estado y de una de las empresas armadoras más cercanas, aún más si consideramos que se podrían obtenerse grandes ventajas en la disminución de costos por mano de obra y costos logísticos para las empresas.

Considerando estos hecho y aunado a la alta dispersión de la ubicación de empresas del sector autopartes, es claro que esto constituye uno de los mayores retos para Tlaxcala en cuanto a infraestructura para la competitividad del sector.

4.4 Factores de competitividad

4.4.1 Producto interno bruto

Según Mankiw (1997), se asume que el Producto Interno Bruto (PIB) es el indicador principal para la medición de la riqueza de un país; por su propia definición encontramos los componentes y características que mide: valor de la producción de bienes y servicios finales, expresado en términos monetarios, dentro de los límites de una entidad, en un periodo determinado.

Cuando se mide la competitividad, la referencia principal para obtener resultados positivos es un alto nivel de producto interno bruto. Si bien el PIB no es el único indicador para medir la evolución económica, sí es el más representativo considerando además su nivel de comparabilidad con otros países, estados y municipios.

En el gráfico 32, se observan el porcentaje histórico de PIB que aportan al nacional los Estados de Guanajuato, Querétaro y Tlaxcala.

Gráfica 32. Producto Interno Bruto

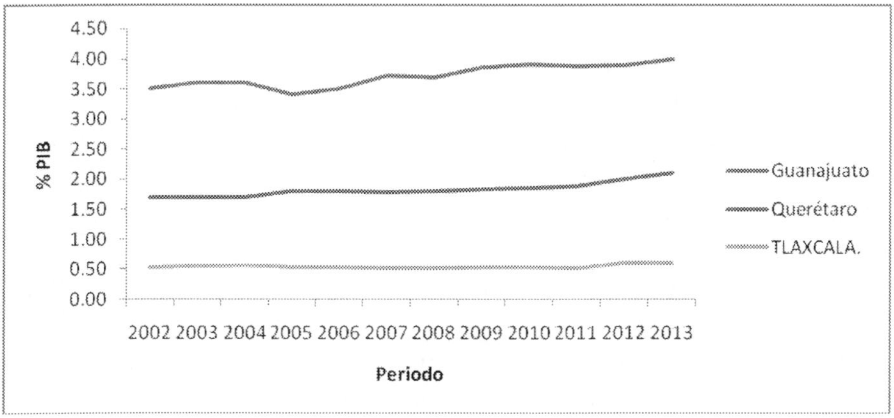

Fuente: Secretaría de economía, 2014.

El Producto Interno Bruto del Estado de Tlaxcala ascendió a más de 84 mil millones de pesos en 2012, con lo que aportó 0.6% al PIB nacional. Las actividades terciarias, entre las que se encuentran el comercio y servicios inmobiliarios, aportaron 60% al PIB estatal en 2012.

Mientras que para el Estado de Querétaro el Producto Interno Bruto ascendió a más de 305 mil millones de pesos en 2012, con lo que aportó 2.0% al PIB nacional. La industria manufacturera aportó 28.6% del PIB estatal en 2012.

Para Guanajuato el Producto Interno Bruto del Estado ascendió a más de 588 mil millones de pesos en 2012, con lo que aportó 3.9% al PIB nacional. Las actividades terciarias, entre las que se encuentran el comercio y los servicios inmobiliarios, aportaron 57% al PIB estatal en 2012.

4.4.2 Inversión extranjera directa

La inversión extranjera directa (IED) ha sido uno de los principales factores asociados a los procesos de globalización. Los gobiernos compiten por atraer estos flujos de capital debido a sus beneficios en términos de empleos, productividad y estabilidad financiera. Los determinantes que influyen en la entrada y salida de los flujos de inversión extranjera directa son ampliamente discutidos en la literatura económica internacional (Oman, 2000; Artige y Nicolini, 2009; Krugman y Obstfeld, 2009).

Se entiende por IED, la participación de inversionistas extranjeros, en cualquier proporción en el capital social de sociedades mexicanas; la inversión realizada por sociedades mexicanas con mayoría de capital extranjero; y la participación de inversionistas extranjeros en las actividades y actos contemplados en la ley de Inversión Extranjera.

Estudios empíricos y econométricos de diversos autores argumentan que existe una relación positiva entre IED y desarrollo económico de un país, (Romer, 1993) (Bloontrom, Lipsey y Zejan, 1990) en los últimos años ha venido creciendo en los países en desarrollo, debido a la expansión de las empresas transnacionales, construyendo una gran infraestructura en las principales actividades de producción de las economías receptoras.

Una economía tiene la posibilidad de beneficiarse de los diferentes componentes de la IED, como el capital, la transferencia de tecnología los cuales pueden dar valor agregado al proceso productivo, generar desbordamientos tecnológicos y estimular la preparación de capital humano. En el gráfico 33 se observan los flujos de Inversión Extranjera Directa hacia México por sector de los años 2000 a 2014.

Gráfica 33. Flujos de IED hacia México por sector

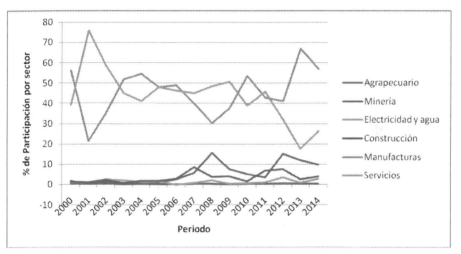

Fuente: Secretaría de Economía, 2015.

El sector Manufacturero recibió 12,869.9 millones de dólares (Secretaría de Economía, 2015) por concepto de inversión extranjera directa en 2014, lo que represento el 57% de la captación de todo el país. En el gráfico 34 se muestra la Inversión Extranjera directa por entidad federativa de los años 2001- 2014.

Gráfica 34. IED por Entidad Federativa de Destino

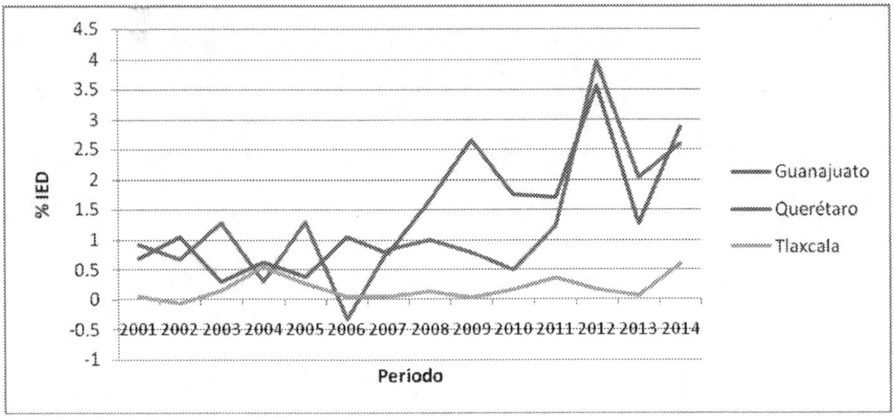

Fuente: Secretaría de Economía.

Tlaxcala recibió 32.2 millones de dólares por concepto de inversión extranjera directa (IED) en 2013, lo que representó 0.07% de la IED recibida en México. La industria manufacturera fue el principal destino de la inversión extranjera directa recibida en 2012.

La entidad de Guanajuato recibió 892 millones de dólares por concepto de inversión extranjera directa (IED) en 2013, lo que representó 2.02% de la IED recibida en México. La industria manufacturera fuer el principal destino de la inversión extranjera directa recibida en 2013.

Querétaro recibió 560.3 millones de dólares por concepto de inversión extranjera directa (IED) en 2013, lo que representó 1.27% de la IED recibida en México. La industria manufacturera fue el principal sector que captó la inversión extranjera directa recibida por el Estado en 2013, seguida por el comercio. En la figura 10 se observa los principales subsectores receptores de IED por entidad federativa del año 2014.

Capítulo 5

IDENTIFICACIÓN DE BRECHAS Y RECOMENDACIONES

En este capítulo se sintetizan los principales resultados comparativos de las variables e indicadores del estudio, para ello se desarrollaron dos mecanismos de presentación de datos, el primero es una figura en la que es posible identificar y comparar rápidamente el estado de un indicador en particular con respecto a otros Estados. El segundo mecanismo es una gráfica de esferas para observar la tasa de crecimiento y el valor promedio de un indicador en el período 2002 - 2012. Estas figuras y gráficas se mostrarán en las siguientes secciones junto con el análisis de datos.

El propósito de estos dos mecanismos de presentación de datos es observar desde un enfoque comparativo, el crecimiento porcentual y la medida de los indicadores de cada variable de forma rápida y fácil. A continuación se describen los hallazgos relevantes y las gráficas asociadas.

5.1 Innovación y tecnología

Centros de Investigación

Cabe destacar que el Estado de Tlaxcala tiene 12 centros de investigación, sin embargo, no cuenta con ningún centro de investigación en ingeniería afín a la industria automotriz, su orientación es hacia biotecnología, ciencias sociales y humanidades. Mientras que en el estado de Querétaro de los 16 centros de investigación 5 están directamente relacionados con la industria automotriz, en lo que concierne a Guanajuato tiene 11 centros de investigación, pero sólo 4 son los que desarrollan conocimiento científico y tecnológico orientado a este tipo de industria.

En toda esta sección el lector puede remitirse a la figura 5 para observar gráficamente la comparación de los indicadores para esta variable.

Posgrado en el PNPC

Con respecto a posgrados dentro del PNPC Tlaxcala cuenta con 14 posgrados dentro del PNPC en 2015, sin embargo, solo 2 programas pertenecen al área de ingeniería teniendo una relación directa con la industria automotriz, mientras que para las entidades de Guanajuato y Querétaro cuentan con 69 y 75 respectivamente, de los cuales 19 y 28 programas pertenecen al área de ingeniería los cuales mantienen alianzas estratégicas efectivas en investigación y desarrollo, así como en formación de capital humano para el sector.

Patentes

En relación al registro de patentes para el estado de Tlaxcala el promedio registrado de 2002 a 2014 fueron de 0.22 patentes otorgadas. Para Querétaro se registraron 5.6 patentes, lo que representa 28 veces más de lo registrado por el estado de Tlaxcala. Guanajuato registró 8.8 patentes en promedio a lo largo del periodo analizado, lo que representa 44 veces más lo registrado en Tlaxcala.

Producción científica

La publicación de artículos científicos es un indicador de importancia para la caracterización de las actividades científicas de las entidades federativas, para Tlaxcala la producción científica del periodo analizado es de 378 documentos publicados, mientras que para el estado de Guanajuato es de 5490 publicaciones y para Querétaro es de 3884.

Programa de Estímulos a la Innovación

En Tlaxcala 25 proyectos fueron aprobados por el programa de estímulos a la innovación (PEI), de los cuales se han dirigido mayoritariamente a la industria química y de plástico solo 4 están dirigidos a la industria automotriz. Para la entidad de Guanajuato de los 133 proyectos aprobados 15 pertenecen a este sector y para el estado de Querétaro de los 98 proyectos aprobados al programa de estímulos a la innovación 7 están dirigidos a la industria automotriz.

Hay que destacar que en Tlaxcala los recursos para este tipo de proyectos han aumentado en poco más de 12% en promedio durante el periodo.

Ranking nacional de ciencia, tecnología e innovación

El ranking nacional de ciencia, tecnología e innovación es un indicador que posiciona a las entidades por sus capacidades científicas, tecnológicas y de innovación. En lo concerniente a Tlaxcala, se ubica en la posición número 27 respecto del total de entidades del país. La entidad de Guanajuato se ubica en la posición número 20, mientras que el estado de Querétaro se ubica en la posición número 3 del ranking respecto del total de entidades del país.

En la Figura 5 se presentan 10 indicadores de las variables de tecnología e innovación, los cuales se muestran de una forma sintetizada para ayudar a establecer un análisis comparativo respecto a los tres Estados. Destacan los indicadores más relevantes para Tlaxcala que son el crecimiento que tuvo a partir de 2010 en proyectos aprobados por el programa de estímulos a la innovación de CONACYT y el crecimiento en posgrados pertenecinte al PNPC, a pesar de que sólo dos de ellos están relacionados con áreas de ingeniería orietnadas al sector autopartes.

Por el contrario, en los indicadores que menos destaca Tlaxcala es en lo referente a patentes otorgadas con un promedio registrado de 0.22 patentes otorgadas acumuladas en el periodo analizado, para Querétaro se registraron 5.6 patentes, lo que representa 28 veces más y Guanajuato registró 8.8 patentes otorgadas a lo largo del periodo, lo que representa 44 veces más que lo registrado en Tlaxcala.

Por último, es de destacar que de acuerdo con la información recopilada en los acuerdos de presupuesto de egresos estatales, en Tlaxcala no se reporta el presupuesto destinado a ciencia, tecnología e innovación.

Figura 5. Resultados en tecnología e innovación

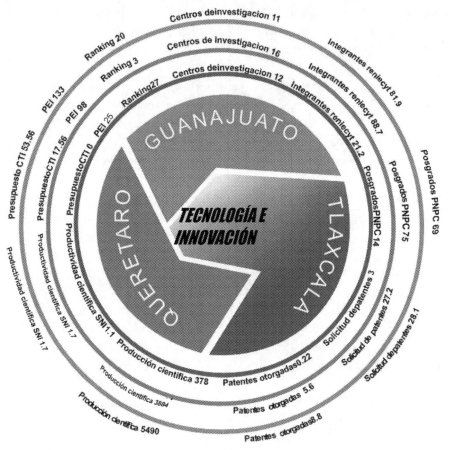

Fuente: Elaboración propia, 2015.

Por otra parte, en la gráfica 35 se ilustran los resultados obtenidos en los indicadores de las variable tecnología e innovación. Como se comentó al inicio de esta sección se utilizó este mecanismo de presentación de datos para identificar por un lado los indicadores en los que se ha tenido mayor desarrollo y para observar el valor promedio del indicador en el periodo analizado. Para la correcta interpretación de las gráficas de esferas es necesario considerar que el tamaño de las esferas representan el valor promedio de los datos obtenidos en el periodo analizado, es decir a mayor tamaño de esfera el promedio del valor del indicador es más grande. Por otra parte, el porcentaje de crecimiento se observa en el eje de las "Y", de esta forma una esfera arriba de otra, en el eje de las "Y," significa que ese indicador tuvo un crecimiento mayor en el periodo analizado, este tipo de gráficas permite observa cómo se han desarrollado algunos de los indicadores de interés para el estudio.

Para el periodo analizado 2002-2012, la tasa de crecimiento más significativa en el estado de Tlaxcala fue para los indicadores de posgrados de calidad y los centros de investigación (ver gráfica 35), en estos casos la tasa de crecimiento es similar a Querétaro y Guanajuato, no así el valor promedio del indicador, cuyo diámetro de esfera es el más pequeño en Tlaxcala comparado con los otros estados. Es importante no olvidar en Tlaxcala ninguno de los centros de investigación se relaciona con el sector autopartes y que solo 2 posgrados tienen relación con este sector.

Las esferas más pequeñas y de menor crecimiento (indicadores con menor valor promedio) en Tlaxcala es el indicador de patentes otorgadas, cuyo crecimiento en el período de 10 años fue nulo, otro indicador de bajo crecimiento fue la productividad científica y aún más en cuanto a presupuesto estatal, que de acuerdo con la investigación documental realizada en internet y sitios oficiales del Gobierno del Estado no se reporta información al respecto. Vale la pena hacer notar en la gráfica 35 que Guanajuato ha tenido un importante crecimiento en patentes otorgadas, aunque el tamaño de esfera es medio-bajo. Además, se observa que para Querétaro y Guanajuato, los indicadores de mayor tamaño de esfera son los proyectos apoyados por PEI, las instituciones RENIECYT y los posgrado en el PNPC y los de menor tamaño son las patentes otorgadas y la producción científica.

El desarrollo en tecnología e innovación es una condición importante para el desarrollo de un ecosistema propicio para atraer la inversión extranjera directa y para fundamentar la competitividad basa en el conocimiento y tecnología. Como fue posible observar es fundamental fortalecer esta variable en Tlaxcala.

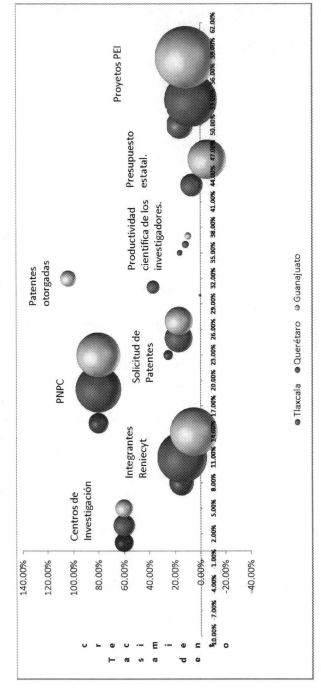

Gráfica 35. Resultados de tecnología e innovación.

Fuente: Elaboración propia.

5.2 Recursos humanos

En esta sección se realiza una síntesis de los indicadores relacionados con la variable recursos humanos y sus indicadores relacionados, el lector puede leer la descripción del análisis comparativo y posteriormente remitirse a la figura 6 para observar gráficamente las variables.

Investigadores SIN del área de ingeniería

En lo que atañe a investigadores pertenecientes al SIN, Tlaxcala, Querétaro y Guanajuato tienen 75, 348 y 429 investigadores. En lo referente a investigadores en áreas de ingeniería afines a la industria automotriz, Querétaro mantiene esfuerzos relevantes en el tema y cuenta con 107 investigadores en esta área. Asimismo Guanajuato registró un crecimiento notable en cuanto a sus investigadores en el área de ingeniería debido a que en el año 2002 solo contaba con 42 investigadores y para el año 2013 tuvo un crecimiento considerable a 85 investigadores en áreas afines a la industria automotriz. En contraparte para el estado de Tlaxcala existe un desarrollo poco considerable por parte de los investigadores debido a que en el año 2013 solo cuenta con 10 investigadores en áreas afines a la industria automotriz.

Matricula de posgrado afín a ciencia y tecnología (C y T)

En relación con la matrícula de posgrados afín a C y T de Tlaxcala, en el periodo analizado fue de 103, para Querétaro el número de estudiantes matriculados en posgrados afines a C y T fue de 591, es decir poco más de 5 veces más. Por último, para la entidad de Guanajuato la matrícula fue de 1014 egresados en posgrados afines a la industria automotriz. Vale la pena comentar que el crecimiento de este indicador también está relacionado con variables demográficas.

Matricula de Licenciatura de Ingeniería y Tecnología

En relación con licenciaturas de Ingeniería y Tecnología (LUT) afines a la industria automotriz, Tlaxcala registra un promedio de 5633 matriculados, asimismo la entidad de Guanajuato capto 24132 alumnos matriculados en licenciaturas de ingeniería y tecnología, lo que representa cuatro veces más que lo registrado en Tlaxcala, en lo referente a Querétaro ha tenido un crecimiento progresivo en su matrícula de licenciatura de ingeniería y Tecnología registra 12436 lo que representa dos veces más de lo que registra la entidad de Tlaxcala. De igual forma vale la pena comentar que el crecimiento de este indicador también está relacionado con variables demográficas.

Becas de posgrado

En lo que concierne al número de becas del Conacyt asignadas en Tlaxcala ha mostrado un crecimiento significativo durante el periodo 2002-2012. En términos absolutos ha pasado de 27 en 2002 a 231 en 2012, con una tasa de crecimiento anual de 23.9%. Aunque Tlaxcala ha mantenido un desempeño creciente de la tasa de becas por millón de habitantes se ha mantenido por debajo del promedio nacional durante todo el periodo de referencia. Sin embargo, aún el valor del indicador es menor (110 becas), si se compara con Querétaro y Guanajuato que es de 219 y 143, respectivamente.

Finalmente, en la figura 6 se observan 7 indicadores sobre desarrollo de recursos humanos. Nuevamente Guanajuato y Querétaro tiene mayores niveles en los indicadores de desarrollo de recursos humanos, pero vale la pena hacer mención que algunos de los indicadores pueden tener un crecimiento debido a variables demográficas. Finalmente, deseamos puntualizar que en Tlaxcala la tendencia de formación de recursos humanos está enfocada a las áreas de ciencias sociales y humanidades más que a ingeniería y tecnología.

Ahora mostraremos los datos mediante la gráfica 36, recordando que en este mecanismo de presentación de datos, el tamaño de la esfera muestra el valor promedio de los datos obtenidos en el periodo analizado (2002-2012) y la ubicación de la esfera en el eje "Y" muestra la tasa de crecimiento. Es de destacar que para Tlaxcala la tasa de mayor crecimiento se observa en los investigadores SIN de ingeniería que son 10, que al mismo tiempo es el valor promedio más bajo en relación a los otros dos Estados, el aumento de los investigadores puede ser explicado por la creación y desarrollo de las Universidades Politécnicas que han contribuido con investigadores SIN en Tlaxcala, pero como se comentó el número de investigadores en esta área de conocimiento es muy bajo. En cuanto al indicador de matrícula de posgrados en ciencia y tecnología de hecho la tasa fue hacia abajo, lo que nos dice que disminuyó la matrícula en estos posgrados.

Figura 6. Resultados de recurso humanos

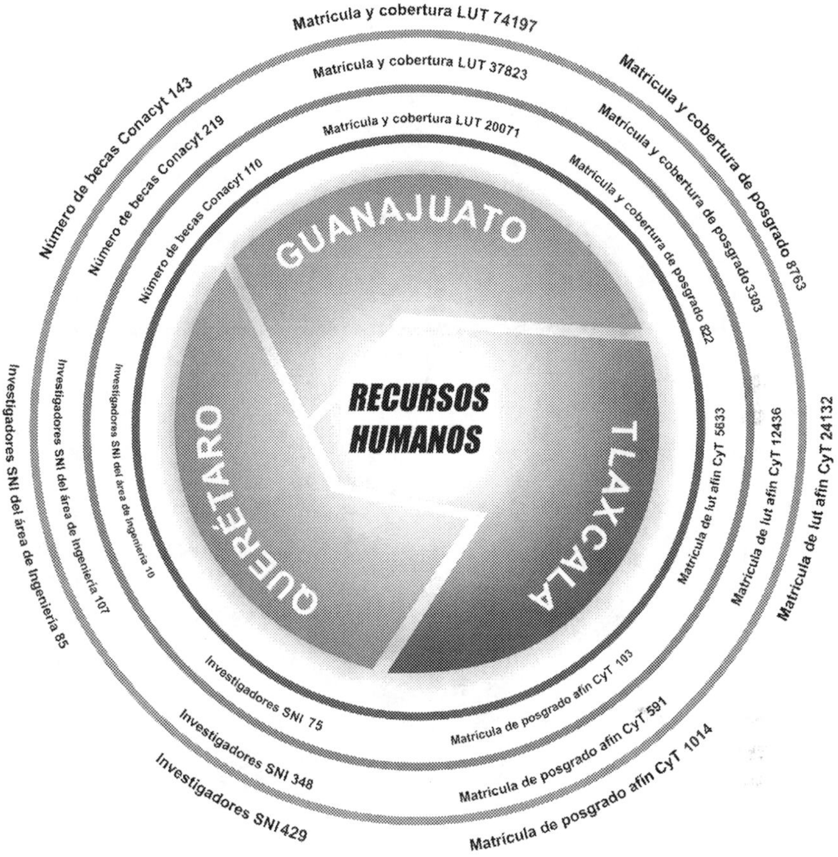

Fuente: Elaboración propia.

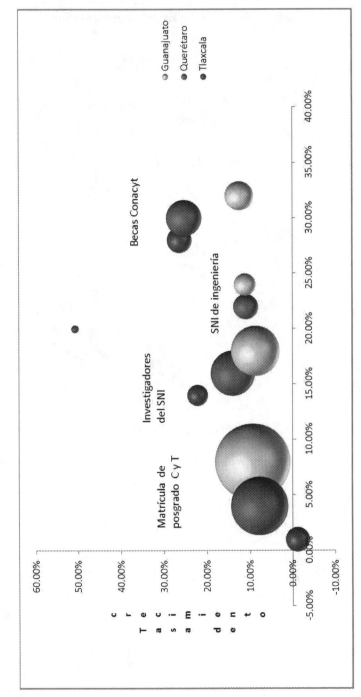

Gráfica 36. Resultados de recursos humanos.

Fuente: Elaboración propia.

Las fortalezas de Guanajuato y Querétado en este tema en lo relativo al tamaño de esfera (valor promedio de la variable) es en matrícula de posgrado y en investigadores pertenecientes al SIN.

5.3 Infraestructura

Los niveles de competitividad están estrechamente relacionados con el desarrollo de la infraestructura de los países, caso similar ocurre en las entidades federativas de nuestro país. Enseguida se describen los hallazgos de la comparación en indicadores de la variable infraestructura, el lector puede remitirse a la figura 7 en caso de que desee observar gráficamente el estado actual de los indicadores en este tema en los diferentes Estado de la República analizados.

Parques Industriales

La disponibidad de parques industriales favorece la ubicación geográfica de las emrpesas, fomenta la industrialización, atrae inversiones, aumenta la productividad y promueve la creación de empleos. El estado de Tlaxcala cuenta con 9 parques industriales en total estos parques agrupan 79 empresas establecidas, mientras para el estado de Guanajuato se cuenta con 23 parques industriales estos parques cuentan con 240 empresas establecidas. Por otro lado, Querétaro cuenta con 13 parques industriales agrupando 566 empresas nacionales y extranjeras.

Infraestructura aérea

Con relación a la infraestructura aeroportuaria, el estado de Tlaxcala cuenta con un aeropuerto, sin embargo, éste sólo ha reportado operaciones en el año de 1994. Por el contrario, el aeropuerto internacional de Guanajuato es un aeropuerto que maneja el tráfico aéreo nacional e internacional, con respecto a Querétaro cuenta con un aeropuerto intercontinental.

Red ferroviaria

Tlaxcala en el año 2012 cuenta con 352 km de vías férreas, mientras que de acuerdo a cifras de la SCT el estado de Querétaro tiene una infraestructura de 476 km de vías férreas, estado de Guanajuato cuenta con 1085 km de vías férreas.

Figura 7. Resultados de Infraestructura

Fuente: Elaboración propia.

5.4 Factores de competitividad

A través de la investigación, se logra deducir empíricamente que el crecimiento del PIB y la IED tiene una relación con el tamaño del sector automotriz en los Estados analizados, esto posiblemente se deba a que impulsa un crecimiento en la economía de las entidades y genera condiciones para que inversionistas del sector automotriz observen atractivo intervenir. Es claro que esta hipótesis no es posible demostrarla considerando el diseño de la investigación, pero se observa mediante los datos que un mayor sector automotriz fortalece la economía de la región donde se ubica y se asocia estrechamente con el PIB y la IED de los estado de Querétaro y Guanajuato.

En relación al peso relativo de la industria automotriz en el PIB de los Estados analizados, destaca la aportación que tiene para Querétaro y Guanajuato, con 11.5% y 8.9 % (BBVA, 2012) respectivamente, mientras que en Tlaxcala solo aporta el 2.1%.

La gráfica 37 muestra un comparativa entre Tlaxcala, Querétaro y Guanajuato en los indicadores de factores de competitividad, en relación al PIB se observa que Querétaro ha tenido un desarrollo importante durante el periodo analizado, a pesar de que Guanajuato tiene el mayor tamaño de esfera en el PIB su crecimiento fue menor que el de Querétaro. En el tema de IED a pesar de que Querétaro y Guanajuato no han tenido alto crecimiento, es claro que por el tamaño de esfera tienen mucha más capacidad de captar IED que Tlaxcala.

Respecto de la aportación del producto interno bruto de cada Estado al nacional, las cifras indican que el estado de Tlaxcala en 2012 aportó 0.55% al PIB nacional, mientras que Querétaro aportó 1.8% al PIB nacional, en lo que se requiere a Guanajuato aportó 3.7%, vale la pena hacer hincapié que representa 6.5 veces más que el estado de Tlaxcala a la aportación nacional. Ya para el año 2014 la portación al PIB nacional es como sigue 0.56% de Tlaxcala (es el estado con menor aportación), 2.17% de Querétaro y 4.18% de Guanajuato (INEGI, 2016), observandose un crecimiento importante en los dos últimos estados.

Gráfica 37. Resultados factores de competitividad

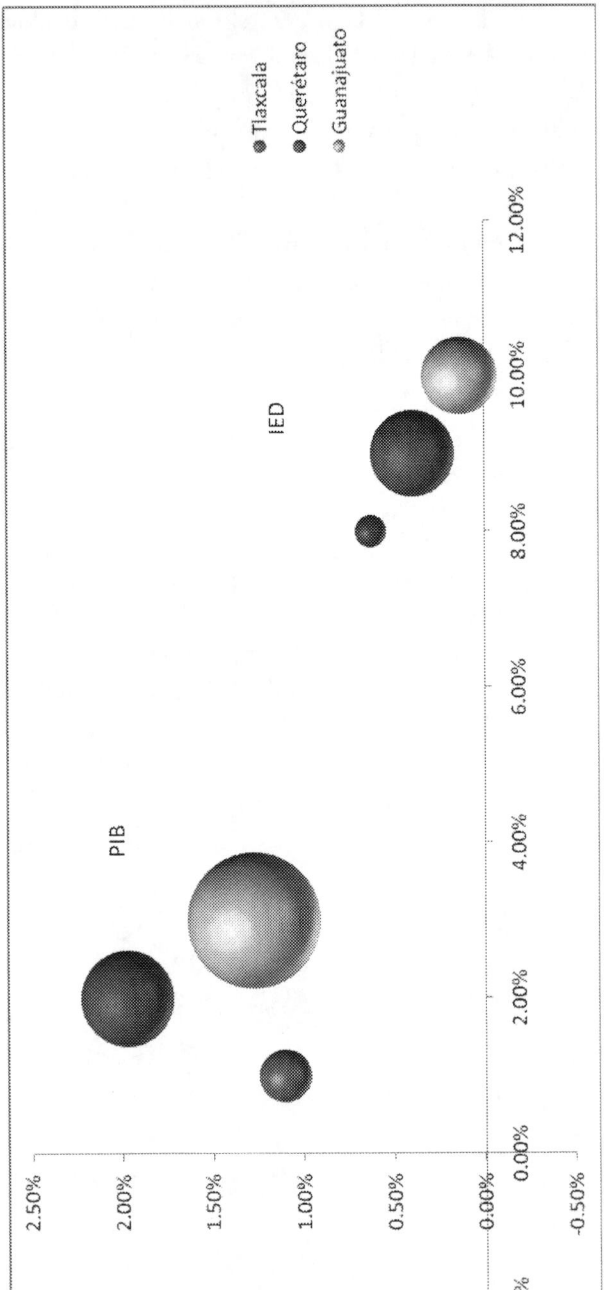

Fuente: Elaboración propia.

Con respecto a la IED Tlaxcala recibió 32.2 millones de dólares en 2013, lo que representó 0.07% de la IED recibida en México. Por su parte, Guanajuato recibió 892 millones de dólares en el mismo periodo, lo que representó 2.02% de la IED recibida en México. Querétaro recibió 560.3 millones de dólares en el mismo periodo, lo que representó 1.27% de la IED recibida en México. Al observar las cifras es claro que existe una brecha importante en Tlaxcala respecto a este tema.

5.5 Líneas de acción futuras (recomendaciones)

Antes de mencionar las líneas de acción recomendadas es importante hacer notar la necesidad de consolidar una vinculación de cuatro hélices, entre gobierno, universidad, empresa y sociedad, para el desarrollo de objetivos y actividades específicas de corto, mediano y largo plazo en pro de incrementar la competitividad del sector. En la figura 8 se muestra un mapa de interacción entre aquellas dependencias, entes públicos y privados, o programas que pueden tener injerencia en las líneas de acción que se proponen en la siguiente sección.

A continuación se sintetizan las propuestas de nivel estratégico que tiene el propósito de fortalecer el desarrollo de los recursos humanos, la innovación, tecnología e infraestructura para crear condiciones propicias hacia el desarrollo del sector autopartes, el fomento de la inversión extranjera directa y el crecimiento manufacturero de Tlaxcala, las líneas de acción propuestas se basan en las principales brechas identificadas durante el desarrollo de la investigación.

Líneas de acción en cuanto a formación de recurso humano

*   Desarrollar programas de formación en licenciatura y posgrado orientados hacia el área de ingeniería y tecnología, que permitan la generación de capacidades especiales hacia el sector autopartes específicamente en áreas plásticas y metalmecánica.

Figura 8. Mapa de interacción

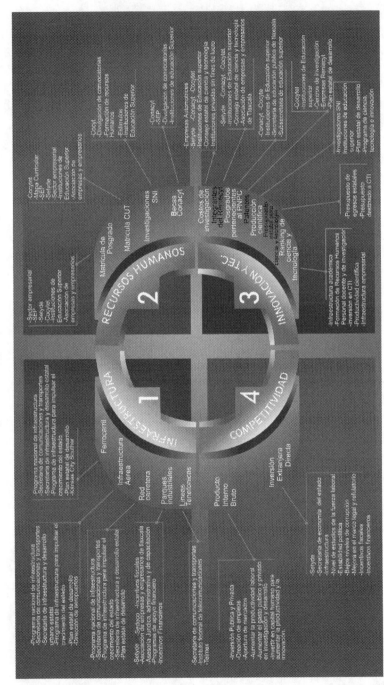

Fuente: Elaboración propia.

- Fortalecer en el nivel superior el perfil de los profesores investigadores y tecnólogos para desarrollar líneas de investigación, generación de tecnología y oferta de servicios especializados a la industria automotriz.
- Incentivar el desarrollo de estancias en empresas, por parte de profesores de nivel superior del área de ingeniería, que les permita actualizarse en la realidad empresarial e incrementar sus capacidades tecnológicas.
- Incrementar el presupuesto de becas de posgrados para profesores investigadores y tecnólogos que les permita potencializar sus capacidades en áreas de calidad, productividad e innovación.
- Incrementar las áreas de especialidad en carreras afines al sector autopartes, con énfasis en especialidades en manufactura, plásticos y metalmecánica.

Líneas de acción en cuanto a tecnología e innovación

- Consolidar la aplicación del programa estatal de ciencia y tecnología que permita elevar el status actual del ranking nacional que ocupa Tlaxcala en este tema, y que impacte de forma positiva en la generación de una economía basa en el conocimiento y la tecnología.
- Consolidar la aplicación de la ley de ciencia y tecnología en el estado, facilitar recursos y empoderar líderes que faciliten la transición del status actual de nuestro Estado hacia nuevos niveles de desempeño en este tema, como un prioridad de política pública.
- Fomentar la apertura de centros de investigación, posgrados y educación continua con base en las necesidades de formación y requerimientos tecnológicos hacia el sector autopartes
- Fomentar el desarrollo de investigadores para que se incorporen al SIN en el área de ingeniería y no sólo de humanidades y sociales, con líneas de investigación articuladas al sector autopartes.
- Incentivar el desarrollo de líneas de investigación orientadas al sector autopartes, específicamente plásticos y metalmecánica.
- Incentivar el desarrollo de líneas de investigación aplicada y desarrollo tecnológico para incrementar la proporción de investigadores relacionados en proyectos de innovación con la

industria, que permita la consolidación de las líneas de investigación y el incremento en el desarrollo de tecnología.

- Fortalecer la vinculación entre empresas y universidades como un esfuerzo colectivo entre, cámaras representantes de la industria y el sector educativo de nivel medio y superior, con el propósito de definir acciones conjuntas de beneficio mutuo que permitan consolidar lazos de inversión y líneas de acción para incrementar el trabajo colaborativo.

Ilustremos el desglose de una estrategia genérica que se planteo en la sección anterior, es el caso de la creación de centros de investigación.

La primera pregunta que surge es - ¿qué centros de investigación son pertinentes en nuestro Estado?-. Para ello se consultaron los estudio tales como la agenda de innovación Tlaxcala (2014) y el realizado por López, Sánchez, y Tinoco (2009), en relación a la fortaleza en Tlaxcala del sector autopartes plásticas. En las que Tlaxcala cuenta con empresas proveedoras de nivel 1 y de nivel 2 con alto nivel tecnológico, produciendo partes de gama alta y valor agregado.

Al respecto López, et al. (2009) y la agenda de innovación Tlaxcala (2014) proponen aprovechar y potencializar la fortaleza actual del clúster de autopartes plásticas (figura 9), en dos vertientes, 1) incentivar la fabricación de autopartes plásticas y 2) el desarrollo de nuevos productos y acabados de plástico. Para esta última vertiente se torna pertinente la creación de un centro de innovación en plásticos automotrices, que es un área de oportunidad en el que tanto la agenda de innovación de Tlaxcala y la presente obra convergen.

Es así que, las capacidades de innovación de productos y solución de problemas de alto nivel pueden ser potencializadas por la creación de este centro de investigación, sin embargo, la sola creación del centro es insuficiente, además se requiere de instituciones relacionadas y apoyo. Tal es el caso de universidades y posgrados de alto nivel para proveer de investigadores y estudiantes con el perfil requerido.

Figura 9. Áreas de oportunidad sector autopartes

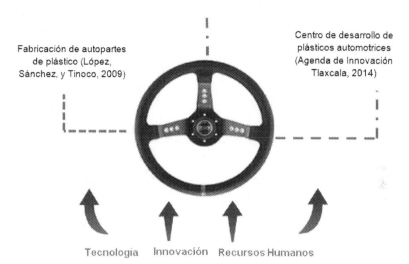

Fuente: Elaboración propia.

Además, sin duda será necesaria la participación articulada de entidades federales y estatales, por ejemplo SETYDE y CONACYT, para el financiamiento inicial del centro, que a la postre a través de ofrecer sus servicios en la región sea auto sostenible.

En este mismo sentido la agenda de innovación Tlaxcala propone la creación de dos proyectos (ver tabla 12) el Centro de Apoyo a la Industria Automotriz (Centro de soluciones a la industria MIPYME) y Centro de desarrollo de plásticos automotrices. En ambos casos los centros constituyen infraestructura, que va a promover la formación de capital humano que a su vez promueva la innovación, la ciencia y la tecnología. Lo que convierte a estos proyectos en prioridades de inversión en el estado de Tlaxcala.

Tabla 12. Proyectos para la industria Automotriz de Tlaxcala

Proyecto	Objetivo	Actividades
Centro de Apoyo a la Industria Automotriz (Centro de soluciones a la industria MIPYME)	Proporcionar servicios especializados de apoyo a las empresas del sector automotriz y su cadena de proveeduría	-Desarrollo de prototipos rápidos (metal, plástico, 3D *Printer*) -Laboratorios certificados incluyendo servicios de metrología -Equipos de prueba (prensas, inyectoras, etc.) -Consultoría en automatización, instrumentación, control y programación de robots industriales -Salas de Diseño -Desarrollo de moldes y troqueles -Mesas de negocios (desarrollo de proveedores) -Servicios logísticos consolidados -Asesoría para certificaciones -Vigilancia tecnológica y competitiva Extensionismo
Centro de desarrollo de plásticos automotrices	Sustentabilidad del sector de Plásticos Automotrices del Estado	-Vigilancia tecnológica y de mercado Desarrollo de nuevos procesos y tecnologías de fabricación y recubrimientos. Procesos de pintura robotizada. - Desarrollo de resinas específicas para el sector automotriz - Desarrollo de materiales y procesos para diseño y fabricación de piezas plásticas para sustitución de piezas metálicas - Laboratorios de prueba certificados - Nanomateriales -Transformación y procesos para plásticos

Fuente: Agenda de innovación Tlaxcala (2014).

Líneas de acción en cuanto a infraestructura

- Establecer un programa estatal de desarrollo de infraestructura con especial atención en el desarrollo de parques industriales de alto nivel con ubicación estratégica cercana de los polos de desarrollo de la industria automotriz más importantes de la región, por ejemplo, la zona centro sur del estado, muy cenca a donde se ubica el 60% de la industria de autopartes del estado de Puebla y la armadora más cercana al estado, que permita una ubicación estratégica y una zona de influencia que garantice una reducción significativa de los costos logísticos de las empresas y además minimice la alta dispersión de la industria en esta región.

Se observa una gran oportunidad de ubicar un parque industrial en la zona denominada zona metropolitana Puebla-Tlaxcala compuesta por alrededor de 20 municipios ubicados en el centro sur de Tlaxcala, muy cerca de Puebla. Cerca de esta zona se ubica cerca del 60% del clúster automotriz de Puebla alrededor de la armadora Volkswagen. Es claro que el Gobierno del Estado ha trabajado en fortalecer la infraestructura en parques industriales, lo cual derivó en la creación de cuatro nuevos parques industriales en las zonas oriente y poniente. Sin embargo, desde la perspectiva de polos industriales un parque ubicado en la zona metropolitana Puebla-Tlaxcala dotaría sin duda del arribo de nuevas empresas y minimizaría la desagregación que existe de empresas de autopartes en esta zona.

5.6 Requerimientos indispensable para el desarrollo de las propuestas

Para la implementación y despliegue de las estrategias antes mencionadas es indispensable la creación de una iniciativa estatal, a cargo de un liderazgo de alto nivel, que permita la coordinación de planes y programas de desarrollo en los que se integre a los interesados en una política de desarrollo manufacturero.

Además se propone que las líneas de acción sean guiadas y coordinadas por una oficina de fomento a los sector estratégicos, en este caso al de autopartes plásticas y metalmecánica, conformada por líderes del sector académico, centros de investigación, SETYDE, secretarías de estado, emprendedores, empresarios y representantes sociales de alto reconocimiento público, que garanticen la articulación de un proyecto integral de incremento a la competitividad de este sector industrial en nuestro estado. Tal como la agenda de innovación en Tlaxcala, un programa de competitividad en la manufactura requiere de recursos y liderazgos propios capaces de conformar una visión compartida y articulada en lo federal, estatal y municipal. Además se requiere dejar atrás intereses políticos-económicos-sociales, intereses individuales y mezquinos, en favor de una visión de largo plazo y de beneficio para todos. Sin estos mínimos requerimientos la posibilidad del desarrollo manufacturero será aún muy débil para el gran potencial que se tiene en Tlaxcala.

5.7 Lecciones aprendidas

El decreto de proyectos y propuestas estratégicas de desarrollo (acciones macro), no son suficientes sino se llevan a cabo coordinadamente y se concretan en acciones en sitio (acciones micro), esto es, las iniciativas de desarrollo o los planes estratégicos de desarrollo requieren de acciones tanto macro como micro, en lo referente a las macro, se desprenden de una política de desarrollo de Estado (formulación de estrategias y planes de desarrollo) y las acciones micro (despliegue e implementación) son generadas a partir del compromiso de cada actor involucrado en atender las directrices planificadas, llevando acciones articuladas y concretas de mediano y corto plazo. Vamos a ejemplificar esto mediante la explicación breve de un caso.

Es de destacar el papel que ha tenido la Universidad Politécnica de Tlaxcala en la participación para el desarrollo de proyectos de innovación vinculados con empresas, que vio sus primeros resultados en el año 2010 cuando de acuerdo con datos de Conacyt y SETYDE, hubo 10 proyectos beneficiados generando un incremento del 500% en cuanto a proyectos aprobados en el programa de estímulos a la innovación (PEI) (agenda de innovación Tlaxcala, 2014), a partir de ese año y a la fecha esta cifra se sostiene pero no se ha incrementado sustancialmente, este hecho representa un caso de éxito en este tema, sin embargo, las acciones micro llevadas a cabo por esta universidad tienen un alcance solo institucional, derivadas de una decidida iniciativa individual y luego organizacional de participar activamente en el desarrollo de este tipo de proyectos; si bien están articuladas en una iniciativa de estado, estas acciones son conocidas y comunicadas sólo dentro de la universidad mencionada, pero no ha sido posible integrar a otras universidades para que el modelo se replique en todo el sistema educativo de nivel superior de forma sistemática y exponencial. Es decir, son esfuerzos aislados de pocas instituciones en todo el sistema educativo de nivel superior en Tlaxcala, que son loables pero aún limitados.

A partir de esta experiencia, es claro que no basta con decretar una mayor vinculación de empresas y universidades, o decretar una mayor participación de las universidades en proyectos de innovación, es vital consultar a los actores involucrados, por ejemplo en este caso a las universidades, para determinar qué barreras o inhibidores de la vinculación deben ser eliminadas y cuáles son los potenciadores a implantar, para que de esta forma se establezca una agenda de acciones específicas y concretas, articuladas entre los diferentes actores para que en este caso la vinculación empresa-universidad sea más cercana y cada vez de mayor alcance.

Es por ello que argumentamos que formular programas, proyectos e iniciativas estratégicas de desarrollo es vital, pero sino se concretan en acciones micro con los actores involucrados, y si no se verifica la correcta y articulada implementación, entonces el proceso está incompleto. Desde la perspectiva de los autores esto es lo que ha faltado en nuestro Estado, existen muchos programas y agendas de nivel estratégico (formulación de estrategias y planes), pero falta fortalecer la implementación articulada y un mayor rigor en su seguimiento (implantación).

CONCLUSIONES

Se llevó a cabo un análisis comparativo-descriptivo de las variables infraestructura, innovación, tecnología y recursos humanos, en el sector autopartes del estado de Tlaxcala en comparación con sus similares de los estados de Querétaro y Guanajuato. Las variables antes mencionadas, se consideraron en el análisis debido a que están relacionadas estrechamente con la competitividad y el desarrollo de la manufactura de un país, de acuerdo al marco de referencia utilizado para el análisis, que se desprende del Manufacturing Competitiveness Framework (WFE, 2010). Para el análisis también fueron consideradas variables de competitividad de cada estado como el producto interno bruto y la inversión extranjera directa.

El análisis descriptivo permitió conocer el estado actual de las variables de estudio en el período 2002 a 2014, gracias a ello fue posible medir y establecer objetivamente y con base en datos, las principales brechas de Tlaxcala respecto de Querétaro y Guanajuato, que son entidades de alto crecimiento en el sector automotriz.

De acuerdo con los resultados del análisis se identifica que en el 90% de las variables, Tlaxcala está por de bajo de Querétaro y Guanajuato, especialmente este último Estado muestra una fortaleza competitiva comparada con los demás Estados en el 90% de las variables. Entre las brechas más importantes identificadas para Tlaxcala se mencionan las siguientes: hay un déficit en la desarrollo de capital humano con el perfil requerido para el sector autopartes especialmente en el área de plásticos, se evidencia la falta de centros de innovación e investigación en el área de ingeniería, manufactura y especialmente en áreas relacionadas al sector autopartes, existen rezagos en indicadores de innovación y tecnología, una infraestructura en parques industriales poco fortalecida, y posgrados, investigadores y líneas de investigación con poca relación hacia el área de ingeniería y de autopartes, además de un presupuesto de ciencia y tecnología no priorizado, y un programa estatal de ciencia y tecnología poco maduro y de impacto aún limitado.

En función de ello, se propuso una serie de acciones estratégicas de largo plazo que concurren con la agenda de innovación para Tlaxcala, y que constituyen una serie de estrategias que por si solas aún son limitadas, por lo que se propone sean consideradas para la construcción de una agenda global para la manufactura en Tlaxcala, la cuál es necesario desarrollar para mantener un enfoque holístico del sistema manufacturero y que en el largo plazo permita consolidar al sector al mismo nivel competitivo de sus similares, por lo menos de la región centro del país.

El gobierno del estado ha realizado esfuerzos interesantes para coadyuvar a la competitividad de este sector, tal es el caso del foro automotriz que anualmente se lleva a cabo e inversiones en parques industriales. En el mismo sentido, otros entes también han contribuido, como es de destacar el papel de la Universidad Politécnica de Tlaxcala, que fue clave para aumentar en 500% los proyectos beneficiados en el programa de estímulos a la innovación a partir del año 2010. Sin embargo, estos esfuerzos demuestran ser poco articulados, en ocasiones muy asilados y no replicables, por lo que nuevamente se establece la necesidad de crear la agenta global para la competitividad del sector manufacturero en el estado y de esta forma trabajar coordinadamente y con visión de sistema.

Por otro lado, todas las líneas de acción propuestas en esta obra, pueden contribuir a la construcción de la agenta global de competitividad, que deriven en el corto plazo en acciones guiadas y coordinadas por una oficina de fomento a los sectores estratégicos conformada por responsables de universidades, centros de investigación, SETYDE, empresarios y representantes sociales de alto reconocimiento público que garanticen la articulación de un proyecto integral con un enfoque participativo, de mayor independencia y empoderamiento.

En otro orden de ideas, este trabajo realiza una serie de aportaciones importantes acerca de la competitividad de la industria de autopartes del estado de Tlaxcala. En primer lugar, profundiza en el conocimiento de los Estados considerados en la investigación, y analiza las variables que pueden influir en su competitividad manufacturera, en segundo término establece un precedente poco abordado en Tlaxcala respecto del análisis de la competitividad del sector autopartes desde una visión de la manufactura.

Finalmente, deseamos que esta obra contribuya al análisis, la toma de decisiones y que ponga en la mesa la necesidad de desarrollar una agenda estratégica de competitividad para el sector manufacturero. Además, hacemos votos para que más allá de intereses faccionarios, se tomen acciones conjuntas de alta prioridad, para bien de la manufactura, la economía y en el largo plazo para bien de los ciudadanos tlaxcaltecas.

BIBLIOGRAFÍA

Abdel, G., y Romo, M. D. (2005). Sobre el concepto de competitividad. *Revista Comercio Exterior*, pp. 124-200.

Albiñana, y Sanchon. (2004). *Sector español del automóvil: ¿preparado para el e-SCM?* España: e-business Center PricewaterhouseCoopers & IESE.

Alic, J. (1987). *Evaluating industrial competitiveness at the office of technology in society.* New York: Basic Book Inc.

Álvarez, T. (1998). *Manual de Competitividad.* México: Editorial Panorama.

AMIA. (2013). Evolución y Perspectivas de la Industria Automotriz en México.

Artige, L., y Nicolini, R. (2009). Market Potential, Productivity and Foreign Direct Investment: Some Evidence from Three Case Studies. European Planning Studies,. pp. 147-168.

BBVA. (2014, 12 de enero). Industria Automotriz: Clave en el Crecimiento Económico de México. *BBVA Research*. Recuperado de https://www.bbvaresearch.com/KETD/fbin/mult/120125_PresentacionesMexico_81_tcm346-285045.pdf?ts=1472012

BBVA. (2014, 23 de marzo). Industria automotriz: clave en el crecimiento económico de México. *BBVA Research*. Recuperado de https://www.bbvaresearch.com/KETD/fbin/mult/120125_PresentacionesMexico_81_tcm346-285045.pdf?ts=1472012

Begg. (2002). *Urban Competitiveness, The Policy Press, Bristol, pp. 1-10.*

Bernal, C. (2006). *Metodología de la Investigación.* México: Pearson-Prenticel Hall.

BID. (2014, 23 de marzo). *Estrategia de infraestrcutura para la competitividad. Banco Interamericano de Desarrollo.* Recuperado de http://www10.iadb.org/intal/intalcdi/PE/2014/14088es.pdf

Blomstrom, M., Lipsey, R., y Zejan, M. (1994). What Explains Growth in Developing Countries? *Journal of International Economics.*

Bontis. (1998). Intellectual capital: An exploratory study that develops measures and models. *Management Decision*, p. 63-67.

Bordas, E. (s.f.). *La competitividad de los destinos turísticos en mercados lejanos.* 43° Congreso de la ATEST, Bariloche.

Brown. (1999). *La industria de autopartes mexicana: Reestructuración reciente y perspectivas. División de Desarrollo Productivo y Empresarial de la Comisión Económica para América Latina y el Caribe CentroInternacional de Investigaciones para el Desarrollo (CIID/IDRC).*

Brunnermeier, y Martin. (1999). *Interoperability Cost Analysis of the U.S. Automotive Supply Chain.* Research Triangle Park, NC 27709.

Bueno, E., y Morcillo, P. (1994). *Fundamentos de economía y organización industrial.* Madrid: Mc Graw-Hill.

Bunge, M. (2008). *En busca de la filosofía en las Ciencias Sociales.* México: Siglo XXI.

Campbell, D., y Stanley, J. (1966). *Experimental and quasi-experimental designs for research.* Chicago: Rand McNally & Company.

Comunicación Social de Gobierno. (2014) Recibe gobernador de Guanajuato el Premio al Liderazgo Automotriz 2014, Comunicación Social de Gobierno. Recuperado de http://noticias.guanajuato.gob.mx/2014/09/17/recibe-el-gobernador-miguel-marquez-marquez-el-premio-al-liderazgo-automotriz-2014/

Conacyt. (2015, 15 de junio de). *Sistema de Consultas.* Recuperado de http://svrtmp.main.conacyt.mx/ConsultasPNPC/listar_padron.php

CONACYT. (2002). *La Actividad del Conacyt por Entidad Federativa.* Recuperado de www.conacyt.gob.mx/

CONACYT. (2003). *La Actividad del Conacyt por Entidad Federativa.* Recuperado de www.conacyt.gob.mx/

CONACYT. (2004). *La Actividad del Conacyt por Entidad Federativa.* Recuperado de www.conacyt.gob.mx/

CONACYT. (2005). *La Actividad del Conacyt por Entidad Federativa.* Recuperado de www.conacyt.gob.mx/

CONACYT. (2006). *La Actividad del Conacyt por Entidad Federativa.* Recuperado de www.conacyt.gob.mx/

CONACYT. (2007). *La Actividad del Conacyt por Entidad Federativa..* Recuperado de www.conacyt.gob.mx/

CONACYT. (2008). *La Actividad del Conacyt por Entidad Federativa.* Recuperado de www.conacyt.gob.mx/

CONACYT. (2009). *La Actividad del Conacyt por Entidad Federativa* - Tlaxcala. Recuperado de www.conacyt.gob.mx/

CONACYT. (2009). *La Actividad del Conacyt por Entidad Federativa* - Querétaro. Recuperado de www.conacyt.gob.mx/

CONACYT. (2009). *La Actividad del Conacyt por Entidad Federativa.* Guanajuato. Recuperado de www.conacyt.gob.mx/

CONACYT. (2010). *La Actividad del Conacyt por Entidad Federativa.* Tlaxcala. Recuperado de www.conacyt.gob.mx/

CONACYT. (2010). *La Actividad del Conacyt por Entidad Federativa.* Querétaro. Recuperado de www.conacyt.gob.mx/

CONACYT. (2010). *La Actividad del Conacyt por Entidad Federativa.* Guanajuato. Recuperado de www.conacyt.gob.mx/

CONACYT. (2011). *La Actividad del Conacyt por Entidad Federativa.* Tlaxcala. Recuperado de www.conacyt.gob.mx/

CONACYT. (2011). *La Actividad del Conacyt por Entidad Federativa.* Querétaro. Recuperado de www.conacyt.gob.mx/

CONACYT. (2011). *La Actividad del Conacyt por Entidad Federativa.* Guanajuato. Recuperado de www.conacyt.gob.mx/

CONACYT. (2012). *La Actividad del Conacyt por Entidad Federativa.* Tlaxcala. Recuperado de www.conacyt.gob.mx/

CONACYT. (2012). *La Actividad del Conacyt por Entidad Federativa.* Querétaro. Recuperado de www.conacyt.gob.mx/

CONACYT. (2012). *La Actividad del Conacyt por Entidad Federativa.* Guanajuato. Recuperado de www.conacyt.gob.mx/

CONACYT. (2012). *Padrón del Programa Nacional de Posgrados de Calidad.* Recuperado el 25 de 06 de 2015, de http://svrtmp.main.conacyt.mx/ ConsultasPNPC/listar_padron.php

CONACYT. (2013). *La Actividad del Conacyt por Entidad Federativa.* Querétaro. Recuperado de www.conacyt.gob.mx/

CONACYT. (2013). *La Actividad del Conacyt por Entidad Federativa.* Guanajuato. Recuperado de www.conacyt.gob.mx/

Conacyt. (2014, 10 de noviembre). *Agenda de Innovación Tlaxcala. CONACYT y Gobierno del Estado de Tlaxcala. Recuperado de: http://www.agendasinnovacion. mx/wp-content/uploads/2015/03/AgendaTlaxcala.pdf*

CONACYT. (s.f.). *Ubicación de Centros de Investigación Conacyt.* Recuperado el 10 de Febrero de 2015, de http://www.conacyt.gob.mx/index.php/el-conacyt/centros-de-investigacion-conacyt

D'Cruz, J. (1992). *New Concepts for Canadian Competitiveness.* Canada: Kodak.

Deloitte. (2010). Índice Global de Competitividad en Manufactura. Recuperado de http://www.deloitte.com.mx/Borderlink/11/january/mx(es-mx)IGMD.pdf

Economía, S. d. (2015, 20 de agosto). Inversión Extranjera Directa en México y en el Mundo. Secretaría de Economía. Recuperado de http://www.economia.gob.mx/files/comunidad_negocios/ied/analisis_publicaciones/Otros%20estudios/carpeta_informacion_estadistica_0715.pdf

Edvinsson, L., y Malone, M. (1999). *El capital intelectual.* Barcelona: Gestión 2000.

Enright, M., y francés, A. y. (1994). *Venezuela, el reto de la competitividad.* Caracas, Venezuela: IESA.

Esser, Hillebrand, Messner, y Meyer. (1994). *Competitividad sistémica: competitividad internacional de las empresas y políticas requeridas.* Berlín: Instituto Aleman de Desarrollo.

Estrada A. y Navarrete G. (2014) Sector automotriz, el secreto del crecimiento local. Milenio. Recuperado de http://www.milenio.com/negocios/Desarrollo_economico-industria_automotriz-armadoras_en_Mexico_0_416958576.html, el 08 de diciembre de 2014.

Fajnzylber, F. (1998). Competitividad Internacional: evolución y lecciones. *CEPAL*(36).

Foro Consultivo Científico y Tecnológico, A. (2014). *Diagnósticos Estatales de Ciencia, Tecnología e Innovación 2014, Querétaro.* México: FCCyT.

Foro Consultivo Científico y Tecnológico, A. (2014). *Diagnósticos Estatales de Ciencia, Tecnología e Innovación, Guanajuato.* México: FCCyT.

Foro Consultivo Científico y Tecnológico, A. (2014). *Diagnósticos Estatales de Ciencia, Tecnología e Innovación, Querétaro.* México: FCCyT.

Foro Consultivo Científico y Tecnológico, A. (2014). *Diagnósticos Estatales de Ciencia, Tecnología e Innovación, Tlaxcala.* México: FCCyT.

Gaither, N., y Frazier, G. (2000). *Administración de producción y operaciones.* México y América Central: International Thomson Editores.

GALÁN, J. y. (1997). Las fuentes de rentabilidad de las empresas. *Europea de Dirección y Economía de la Empresa,* pp. 21-36.

Garay, L. (1998). Colombia: estructura industrial e internacionalización 1967-1996. *Proexport*, (pp. 565- 566).

García-Ochoa, M. (2007). La innovación tecnológica como factor de competitividad empresarial. In Empresa global y mercados locales: XXI Congreso Anual AEDEM, Universidad Rey Juan Carlos, Madrid, 6, 7 y 8 de junio de 2007 (p. 14). Escuela Superior de Gestión Comercial y Marketing, ESIC.

García, G. (1993). *Esquemas y Modelos para la competitividad.* México: Ediciones Castillo.

Gómez, E. (Abril de 1994). La competitividad. *Talento. Premio estímulo al conocimiento*(1).

Gutiérrez, H. (1999). *Calidad Total y productividad.* México: Mc Graw-Hill.

HAMEL, G. (1994). The Concept of Core Competence. *Competence Based Competition*, pp. 11-33.

Heizer, J., y Render, B. (2004). *Operations Management.* United Estate of America: Pearson Prentice Hall.

Hernández Sampieri, R., Fernández Collado, C. y Baptista Lucio, P. (2008). *Metodología de la Investigación.* México: Mc Graw Hill.

Hernández, L. (1998). *Los estudios de la competitivdad en América Latina y Venezuela.* Venezuela: Facultad de ciencias económicas y sociales.

Hernández, y Rodríguez. (s.f.). *La competitividad industrial en México.* México: Plaza y Valdés.

INADEM. (2015, 15 de marzo). *Sectores Estratégicos Estatales.* Recuperado de https://www.inadem.gob.mx/templates/protostar/sectores_estrategicos.php#tlaxcala

INEGI. (2014, 16 de abril). La industria Automotriz en México. *Instituto Nacional de Estadística y Geografía.* Recuperado de http://www.inegi.org.mx/prod_serv/contenidos/espanol/bvinegi/productos/integracion/sociodemografico/Automotriz/2013/702825051204.pdf

INEGI (2015, 30 de enero). Estructutra porcentual de aportación estatal al PIB nacional. Recuperado de http://www.inegi.org.mx/est/contenidos/proyectos/cn/pibe/

Isaza, L. (2006). *Perspectivas para el análisis de la innovación: un recorrido por la teoría. Universidad Tecnológica de Pereira.*

Jacquemin, A. (1982). *Economía indsutrial, estructura de mercado y estrategias europeas de empresa.* Barcelona: Hispano Europea.

Jones, y Teece. (1998). The research agenda on competitiveness. A program of research for the Nation's business schools. *Cooperation and Competition in the Global Economy*, pp. 352.

Kelly, J. (2007). *Tormenta sobre la Competitivdad*. En: Debate IESA.

Kerlinger, F., y Lee, H. (2008). *Investigación del Comportamiento Métodos de Investigación en Ciencias Sociales*. México: Mc: Graw Hill/Interamericana, 4 Edición.

Kopkin, P. (1969). *Hipótesis y verdad*. México: Grijalbo.

KPMG. (2015, 17 de abril). *Perspectivas de la alta dirección en méxico*. Consultoraía KPMG. Recuperado de https://www.kpmg.com/MX/es/PublishingImages/ E-mails-externos/2015/pad2015/estudio-PAD15-180315.pdf

Krugman, P. (1990). Integración y competitividad de la industria periférica. *Estudios Económicos*, pp. 212-233.

Krugman, P. (1991). International Economics, Trade and Policy. *Harper Collins Publishers*.

Krugman, P. (1992). La competitividad económica: mitos y realidades. *Economía Abierta*, pp. 1-23.

Krugman, P. (1994). Competitiveness: a Dangerous Obsession. *Foreign Affairs*, pp. 28-44.

Krugman, P. (1996). Making Sense of the Competitiveness Debate. *Oxford Review of Economic Policy*, pp. 483-499.

Krugman, P., y Obstfeld, M. (2009). *International Economics Theory & Policy*. United States of America: Pearson Addison Wesley.

Lever, W. (1999). Competitive Cities: Introduction to the Review.

Littlewood. (2004). Análisis factorial conformatorio y modelamiento de ecuación estructural de variables efectivas y cognitivas asociadas a la rotación de personal. *Interamericana de Psicología Ocupacional.*, pp. 27-37.

López, M. (2005). *La evolución estratégica de la industria automotriz Mundial. Tesis Maestría, ITESM*. Monterrey, N.L., México.

López, M., Sánchez, M., y Tinoco, M. (2009). *Identificación de oportunidades estratégicas para el desarrollo del Estado de Tlaxcala*. Monterrey, N.L.: Tecnológico de Monterrey y FEMSA.

Maidique, M. (1978). Corporate strategy and Technological policy. *Harvard Business School Case Services.*

Malaver, F. (1999). *Lecturas sobre competitividad, empresa y educación gerencial*. Bogotá: Centro Editorial Javeriano.

Mankiw, G. (1997). *Macroeconomía*. Nueva York: Antoni Bosh.

Manufacturers, I. O. (04 de Marzo de 2015). *OICA.* Recuperado el 23 de Mayo de 2015, de http://www.oica.net/

Méndez, C. (2006). *Metodología Diseño y Desarrollo del Proceso de Investigación con Énfasis en Ciencias Empresariales.* Bogotá: Limosa Noriega Editores, Cuarta Edición.

Morales R (2014, 20 de julio), Industria automotriz rompe récord en IED. El economista. Recuperado de http://eleconomista.com.mx/industrias/2014/04/04/industria-automotriz-rompe-record-ied

Moreno, F. (2015, 15 de marzo). *La industria del automóvil sería el sexto país más rico del mundo.* Diario Motor. Recuperado de http://www.diariomotor.com/2009/12/07/la-industria-del-automovil-seria-el-sexto-pais-mas-rico-del-mundo/

Murray, y Dowell. (1999). *Examining Supply Gaps and Surpluses in the Automotive Cluster in Tennessee. Prepared by the Center for Business and Economic Research. College of Business Administration.* Tennessee USA: The University of Tennessee Knoxville,.

Navas, J., y Ortiz, M. (2002). El capital intelectual en la empresa. *Economía industrial,* pp. 163-171.

Negrete S. (2014, 7 de junio). Sector automotriz, motor económico de Guanajuato. El economista. Recuperado de http://eleconomista.com.mx/estados/2013/08/01/sector-automotriz-motor-economico-guanajuato, el 5 de septiembre de 2014

OCDE, y Eurostat. (2005). *Manual de Oslo. Comisión Europea.*

OECD. (1992). *Competitiveness.* Washington D.C: First report to the president and the Congress.

OICA. (04 de Marzo de 2015). Recuperado el 23 de Mayo de 2015, de http://www.oica.net/

OICA. (2013). *Producción Mundial de Automóviles.* www.oica.net, OICA.

Oman, C. (2000). *Policy Competition for Foreign Direct Investment A Study of Competition Among Governments to Attract IED.* France: OECD Publication Service.

Porter, M. (1990). The Competitive Advantage of Nations. *Harvard Bussiness, 68*(2), 73-93.

Porter. (1991). *La ventaja competitiva de las naciones.* Buenos Aires: Vergara.

Porter. (2004). *Building the Microeconomic Foundations of Prosperity: Findings from the Microeconomic Competitiveness Index, en World Economic Forum, Global Competitiveness Report.* Ginebra.

ProMéxico. (2015, 13 de marzo). *Industria terminal Automotriz. ProMéxico.* Recuperado de http://mim.promexico.gob.mx/work/sites/mim/resources/LocalContent/69/2/130924_Diagnostico_automotriz_2013_ES.pdf

Ramos, R. (2001). *Modelos de evaluación de la Competitividad Internacional: Una aplicación empírica al caso de las Islas Canarias. Universidad las Palmas de Gran Canaria. Tesis para obtener el grado de Doctor en Ciencias Económicas.*

Reinel, J., y Bermeo, E. (2005). Las directrices del costo como fuentes de ventajas competitivas. *Revista Estudios Gerenciales*, pp. 81-103.

Ribault, Martinet, y Lebidois. (1991). *Le management des technologies.* París: Les Editions d`Organization.

Ricardo, D. (1817). *On the principles of political economy and taxation.* London: John Murray.

Rodríguez I. (2014, 15 de julio) Firman clúster automotriz en Querétaro. Revista manufactura, recuperado de http://www.manufactura.mx/industria/2013/06/12/firman-cluster-automotriz-en-queretaro, el 23 de diciembre del 2014.

Rodríguez, E. (17 de 04 de 2015). *El Financiero.* Recuperado el 27 de 04 de 2015, de http://www.elfinanciero.com.mx/economia/cinco-graficas-que-explica-la-produccion-automotriz-de-mexico.html

Rojas, R. (1999). *Guía para realizar investigaciones sociales.* México: Plaza y Valdez.

Romer, P. (1993). Ideas Gaps and Object Gaps in Economic Development. *Journal of Monetary Economics.*

Romo, y Rivas. (2010). Modelo de Competitividad de las empresas operadoras de telefonía móvil en México. *Contaduria y Administración*, 123-148.

Rosas S. (2014, 30 de julio) Entrevista a Jesús Calderón Calderón, presidente de la Cámara Nacional de la Industria de la Transformación (Canacintra) en Querétaro. El financiero. Recuperado de http://www.elfinanciero.com.mx/bajio/industria-automotriz-motor-para-queretaro.html el 25 del 11 del 2015.

Rosas, S. (2015, 16 de enero). *Sector automotriz el más dinámico en Querétaro.* Recuperado de http://eleconomista.com.mx/Estados/2014/01/15/sector-automotriz-mas-dinamico-queretaro

Salas, V. (1993). Factores de competitividad empresarial. Consideraciones generales. *Papeles de Economía Española*, pp. 379-396.

Saldaña, I. C., y Maseda, M. P. (2010). Tecnología y Competitividad en la Teoría de los Recursos y Capacidades, Recuperado de: http://www.economia.unam.mx/publicaciones/reseconinforma/pdfs/308/07%20Teor%EDa%20de%20los%20recursos%20y%20capacidades.pdf

Salkind, N. (1999). *Métodos de Investigación*. México: Pearson Educación, 3a edición.

Sánchez A. (2015) En récord, producción de autopartes en 2014, El financiero. Recuperado de http://www.elfinanciero.com.mx/empresas/en-record-produccion-de-autopartes-en-2014.html

Sandrea, M. S., y Boscán, M. (2014). Plataforma productiva como fuerza del desarrollo endógeno del sector de manufacturas plásticas//Productive Platform as a Force for Endogenous evelopment of the Plastics Manufacturing Sector. Telos, 16(1), 111-134.

SCT. (2012). *Anuario Estadístico*. México D.F.

SCT. (2015). *Anuario Estadístico*. México, D.F.

SDE. (2012). *Industria Automotriz y de Autopartes del Estado de San Luis Potosí*. Secretaría de desarrollo económico. Recuperado de http://www.sdeslp.gob.mx/estudios/Industria%20Automotriz.html

SE. (2012). *Industria Automotriz. Monografía. Dirección General de Industrias Pesadas y de alta Tecnología*. Secretaría de economía. *Recuperado de* www.economia.gob.mx.

SE. (2012). *Industria de autopartes*. Secretaría de economía. Recuperado de http://mim.promexico.gob.mx/wb/mim/perfil_del_sector_autopartes

SE. (2012). *Industria terminal automotriz*. Secretaría de economía. Recuperado de http://mim.promexico.gob.mx/work/sites/mim/resources/LocalContent/69/2/Diagnostico_Automotriz2011.pdf

SE. (2012). *Programa Estratégico de la Industria Automotriz 2012-2020*. Secretaría de economía. Recueperado de http://www.economia.gob.mx/files/comunidad_negocios/industria_comercio/peia_ok.pdf

SE. (2013). *Industria de Autopartes*. Recuperado de http://mim.promexico.gob.mx/work/sites/mim/resources/LocalContent/356/3/130806_Industria_autopartes_ES.pdf

SE. (2015). *Inversión Extranjera Directa en México y en el Mundo*. México: Dirección General de Inversión Extranjera.

Serralde, A. (1997). *Hacia una conciencia de competitividad. Management Today.*

Serralde, A. (1997). *Hacia una conciencia de competitividad*. México: Management Today.

Siem. (2015). *Sistema de información empresarial mexicano*. Recuperado el 20 de 02 de 2015, de http://www.siem.gob.mx/siem/

Sierra, R. (2008). *Técnicas de Investigación Social. Teoría y Ejercicios*. Madrid: Thompson.

Simmons, A. (2002). *Competitividad Gerencial.* Colombia: Mc Graw Hill.

Smith, A. (1776). *The wealth of nations.* London: Edwin Cannan.

Sobrino, J. (2002). Competitividad y ventajas competitivas: revisión teórica y ejercicio de aplicación a 30 ciudades de México. *Estudios Demográficos y Urbanos,* pp. 311-363.

Stoll, K. (2009). La fórmula que llevo a GM a la cima, también contribuyó a su gradual caida. *The wall street journal americas,* 4-4.

Sutz, y Arocena. (2002). *Sistema de Innovación y Países en Desarrollo. Universidad de la República- Uruguay.*

Tamayo, M. (1999). *La investigación. Serie aprender a investigar.* Bogotá: Instituto colombiano para el fomento de la educación superior.

Torres, Z., y J., N. (2007). *Conceptos y Principios Fundamentales de Epistemología y de Metodología.* México: IIEE Universidad Michoacana de San Nicolás de Hidalgo.

Treviño. (2006). *La nueva industria automotriz mundial. Ejecutivos de finanzas.* México.

Valero, M. (2004). *Análisis de competitividad al sector del dulce en el área metropolitana de Bucaramanga.* Bogotá: Ascolfa.

Vázquez, R. (2010). Modelo de Competitividad de las empresas operadoras de telefonía móvil en México. *Contaduría y Administración,* pp. 1-9.

Veloso, F., y Kumar, R. (2002). *The Automotive Supply Chain: Global Trends and Asian Perspectives. ERD Working Paper Series No. 3 Economics and Research Department. Asian Development Bank, January.*

Veloso. (2000). *"Global Strategies for the Development of the Portuguese Autoparts Industry.* Lisboa: IAPMEI.

WEF. (2012). The future of manufacturing opportunities to drive economic growth. A world economic forum report in collaboration with Deloitte Touche Tohmatsu Limited. Recuperado de: http://www3.weforum.org/docs/WEF_MOB_FutureManufacturing_Report_2012.pdf.

Wilensky, A. (1997). *Claves de la estrategia competitiva.* Buenos Aires: Fundación OSDE.

Biografías

Arturo Águila Flores

Es Maestro en ingeniería egresado de la Universidad Politécnica de Tlaxcala, actualmente se desempeña como Profesor investigador de tiempo completo en la Universidad Politécnica de Tlaxcala región poniente del programa educativo de ingeniería en logística y transporte. Trabaja en proyectos relacionados con cadena de suministro, manufactura esbelta e investigación de operaciones.

Jacobo Tolamatl Michcol

Doctor en Planeación Estratégica y Dirección de Tecnología. Maestro en ciencias en ingeniería industrial. Ingeniero industrial. Profesor investigador de tiempo completo en la Universidad Politécnica de Tlaxcala del programa educativo de ingeniería industrial y posgrado, consultor en sistemas de gestión de calidad ISO 9001, auditor líder. Trabaja en proyectos relacionados con el desarrollo de sistemas de calidad, desarrollo de sistemas de mejora continúa para el sostenimiento de ventajas competitivas y proyectos seis sigma. Es Green Belt certificado por la UDLAP, catedrático en universidades públicas y privadas a nivel maestría y doctorado. Líder del CA de ingeniería industrial.

Arturo Contreras Juárez

Profesor investigador de tiempo completo, en la Universidad Politécnica de Tlaxcala Región Poniente, del programa académico de la Ingeniería en Logística y Transporte., Experiencia laboral en las áreas de tráfico, logística, operaciones, transporte y mantenimiento en parques vehiculares, certificado en ISO 9001, contribuye en trabajos de mejora, en el sistema de gestión de almacenes para productos perecederos en la cadena de frio y problemas de optimización en el transporte.

David Gallardo García

Doctor en Planeación Estratégica y Dirección de Tecnología, Maestro en Administración, Ingeniero industrial. Actualmente es profesor de tiempo completo del programa educativo de ingeniería industrial y del programa de posgrado. Ha sido gerente de producción, gerente de planta y gerente de Ingeniería, en Linda Vista de Tlaxcala de "WARNACO GROUP", Acumuladores Mexicanos e Intimark respectivamente, fue Secretario Académico y director de programa educativo en la Universidad Politécnica de Tlaxcala, también se desempeña como evaluador de los comités interinstitucionales para la evaluación de la educación superior (CIES) y consultor en sistemas de gestión de calidad.

Printed in the United States
By Bookmasters